SWEET'S
ANGLO-SAXON PRIMER

SWEET'S
ANGLO-SAXON PRIMER

REVISED THROUGHOUT BY
NORMAN DAVIS
Professor of English Language in the
University of Glasgow

NINTH EDITION

OXFORD
AT THE CLARENDON PRESS

Oxford University Press, Ely House, London W. 1

GLASGOW NEW YORK TORONTO MELBOURNE WELLINGTON
CAPE TOWN IBADAN NAIROBI DAR ES SALAAM LUSAKA ADDIS ABABA
DELHI BOMBAY CALCUTTA MADRAS KARACHI LAHORE DACCA
KUALA LUMPUR SINGAPORE HONG KONG TOKYO

ISBN 0 19 811110 X

First edition 1882
Second edition 1883
Third edition 1884
Fourth edition 1887
Fifth edition 1888
Sixth edition 1891
Seventh edition 1894
Reprinted 1897, 1901
Eighth edition 1905
Reprinted 1911, 1916, 1919, 1922
1925, 1931, 1941, 1946, 1949
Ninth edition 1953
Reprinted 1955 (with corrections), 1957
1961, 1965, 1967, 1970 (with corrections), 1974

Printed in Great Britain
at the University Press, Oxford
by Vivian Ridler
Printer to the University

PREFACE

Sweet's *Primer* first appeared in 1882, and was last revised for the eighth edition of 1905. It is not surprising that in the interval methods of presentation should have changed. The *Primer*, though designed as an introduction to Sweet's *Reader*, has tended to fall out of use, but nothing has replaced it; and the *Reader* itself has often been used as a beginner's book, for which it was never intended.

In the belief that an elementary introduction on the lines of the *Primer* is essential, I have tried in the present revision to preserve the policy and the scale of Sweet's work, while re-arranging it very considerably in detail. In the grammar—especially in treating the verb, where Sweet's classification has failed to find acceptance—I have sought to present the facts, with as few technical terms as possible, in the same groups as students will find when they come to more advanced books. The bare outlines of relevant phonology have been rearranged with the same object, though I fear that so concise a statement cannot be readily intelligible. Under the paradigms the lists of similarly inflected words have been much increased, and the section on syntax, especially on word-order, has been expanded. In so limited a space the grammar could not aim at anything like completeness. It sets out to cover the texts in this book, and all examples are drawn from them; but I hope that it will serve also as a working elementary grammar for wider use.

The texts have been considerably modified. To provide fuller examples of natural Old English prose, not translated from Latin, I have extended the extracts from the *Chronicle* and added passages from Ælfric's prefaces; and to widen the range of interest I have included well-known passages from the Old English translation of Bede, from *Alexander's Letter*, and from the *Leechdoms*. To make room for these I have had to omit some of the Biblical extracts, and all the sentences which formed the first section. This I have done reluctantly, for they were skilfully chosen to exhibit forms. But I believe—though the changes have probably raised the general level of difficulty a little—that readers will find consecutive prose so much more interesting than disconnected sentences that they will in fact learn more readily from it. All the texts have been revised (all but I and VII collated with the manuscripts), and a few passages slightly altered accordingly.

I have followed Sweet's practice of normalizing on a conventional Early West Saxon basis, unhistorical as it is, for it remains the best foundation for further study. To ease the transition to later texts I have left one page, extract IX, in the spelling of the manuscripts.

For advice and help in the preparation of this edition I am grateful to Professor C. L. Wrenn, to Dr. C. T. Onions, who read a proof, and especially to Mr. Kenneth Sisam and Miss Celia Sisam, who read the manuscript.

N. D.

UNIVERSITY OF GLASGOW
September 1952

CONTENTS

GRAMMAR   1

TEXTS

   I. FROM THE GOSPEL OF ST. MATTHEW   62

  II. OLD TESTAMENT PIECES   66

 III. SAMSON   70

 IV. FROM THE CHRONICLE   73

  V. PREFACES BY ÆLFRIC   78

 VI. KING EDMUND   81

VII. FROM THE OLD ENGLISH TRANSLA-
     TION OF BEDE'S *ECCLESIASTICAL
     HISTORY*   88

VIII. FROM 'ALEXANDER'S LETTER TO
     ARISTOTLE'   92

 IX. MEDICINAL RECIPES   95

NOTES   96

GLOSSARY   106

GRAMMAR

1. The oldest stage of English, from the earliest records (about A.D. 700) to soon after the Norman Conquest, is now generally called 'Old English', though the name 'Anglo-Saxon' is still often used. There were several dialects of Old English. This grammar deals only with the *West Saxon* dialect, the most important for the study of the literature; and with the early form of it—that is, the language of about the time of King Alfred.

SOUNDS

VOWELS

2. The letters representing vowels in O.E.[1] had nearly the same values as in Latin. The following table gives the basic vowels and diphthongs, with examples of their occurrence in stressed syllables, and keywords as a guide to approximate pronunciation. These words are drawn as far as possible from Modern English; but the sounds must have been 'purer' vowels like those of most continental languages, and occasionally French or German illustrations have seemed preferable. It is important to distinguish short vowels from long, which in this book are marked by (¯).

a	*as in* G. mann	nama 'name'
ā	„ father	stān 'stone'
æ	„ hat	glæd 'glad'
ǣ	the same, lengthened	dǣd 'deed'
e	*as in* set	etan 'eat'
ē	„ G. see	hē 'he'
i	„ sit	cwic 'alive'
ī	„ machine	wīn 'wine'

---

[1] Names of languages are abbreviated thus: *F.*, French; *G.*, German; *Mn.E.*, Modern English; *O.E.*, Old English. Such other abbreviations as are not self-evident are explained on p. 106.

o	*as in*	hot (but closer)	god 'god'
ō	„	G. so	gōd 'good'
u	„	put	sunu 'son'
ū	„	rude	nū 'now'
y	„	F. tu	synn 'sin'
ȳ	„	G. grün	brȳd 'bride'
ea	=	æ+a	eald 'old'
ēa	=	ǣ+a	ēast 'east'
eo	=	e+o	eorl 'nobleman'
ēo	=	ē+o	dēop 'deep'
ie	=	i+e	ieldu 'age'
īe	=	ī+e	hīeran 'hear'

The diphthongs were pronounced with the stress on the first element.

Short *a* before *m* or *n* was often replaced in spelling by *o*: *noma, monn* for *nama, mann*. In this position the sound evidently was, or could be, between *a* and *o*.

From the position of the tongue in articulation, ĭ, ĕ, ǣ, ȳ are described in phonetic terms as 'front' vowels, ŭ, ŏ, ă as 'back'.

CONSONANTS

3. The letters representing consonants were pronounced wherever they were written. So *c* in *cnāwan* 'know', *g* in *gnīdan* 'rub', *w* in *wrītan* 'write' were all sounded. Similarly, consonants written double were pronounced double, or long, as in Italian. Thus the *n*-sound in *sunne* 'sun' must be distinguished from that in *sunu* 'son' just as that in Mn.E. *penknife* differs from that in *penny*.

Most of the consonants were sounded much as in Mn.E. Some of the letters differed in form from their modern equivalents, and two special signs are usually preserved in modern editions—þ and ð. Both of these were used indifferently for the two sounds of *th*, in *thin* and in *then*. In this book only þ is used, except in extract IX.

Similarly, *f* and *s*, in addition to their modern values, could represent respectively the sounds of *v* and *z*, letters which were not normally used in O.E. These three letters, *f, s, þ*, had the sounds of *f, s*, and *th* in *thin* ('breathed' or 'voiceless') initially and finally in accented words; next to 'voiceless' consonants (such as *p, t*); and when double : *full* 'full', *lēof* 'dear'; *sunu, wæs* 'was'; *penĉan* 'think', *wearþ* 'became'; *æfter* 'after', *fæst* 'firm'; *offrian* 'offer', *blissian* 'rejoice', *siþþan* 'after'. They had the sounds of *v, z*, and *th* in *then* ('voiced') when single between vowels, or between a vowel and another 'voiced' sound (such as *l, r, m, n*): *lufian* 'love', *ĉēosan* 'choose', *brōþor* 'brother'; *ĉeorfan* 'cut', *efne* 'even', *māþm* 'treasure'; and probably in words like *of, is* in unstressed position.

h initially had the same sound as now: *hē, hūs* 'house'. Elsewhere it had the sound of *ch* in Scots *loch* after back vowels and after consonants: *hēah* 'high', *þōhte* 'thought', *Wealh* 'Welshman'; but of *ch* in German *nicht* after front vowels: *fēhþ* 'receives', *riht* 'right'. *hw*, as in *hwæt* 'what', *hwīl* 'while', had the sound of Mn.E. *wh* as pronounced in northern England and in Scotland. The other groups *hl, hn, hr* differed from *l, n, r* as *wh* differs from *w*—that is, they were made in the same way but 'unvoiced', *hl* being nearly the same as Welsh *ll*: *hlāford* 'lord', *hnappian* 'doze', *hraþe* 'quickly'.

r initially was probably trilled, as in Scots: *rǣd* 'advice', *rīdan* 'ride'. Finally and before a consonant it was probably made with the tip of the tongue curved back, as in south-western dialects of Mn.E. and in American: *ār* 'mercy', *eard* 'country', *feorh* 'life'.

c and *g* each had a back (guttural) and a front (palatal) pronunciation. The latter is printed *ĉ, ġ* in this book.

c had the sound of *k* before, and when final after, back vowels and *ȳ*; sometimes also before *ĕ*, in words which may generally be recognized by their modern pronunciation with *k*: *cann* 'know', *cōl* 'cool', *cuman* 'come', *cyning* 'king', *cēne* 'bold', *bōc* 'book'; also finally after *æ*: *bæc* 'back'; and initially before consonants: *cnāwan* 'know'.

c had a sound like Mn.E. *ch* in *child* when it came before or between the front vowels *ĭ* and *ĕ*, except for the special cases mentioned above: *ċild* 'child', *ċēosan* 'choose', *miċel* 'great'; also finally after *ĭ, ē, ǣ*: *līċ* 'body', *bēċ* 'books', *sprǣċ* 'speech'; and in some words after *n, l*: *penċan* 'think', *ǣlċ* 'each'.

sc usually had the sound of Mn.E. *sh*: *scip* 'ship', *fisc* 'fish'. This sound was often written *sce*: *sc(e)olde* 'should', *bisc(e)op* 'bishop'. But *sc* had the sound of *sk* in some words where back vowels prevailed: *āscian* 'ask' (pret. *āscode*), and in foreign words such as *scōl* 'school', *Scottas* 'Scots (Irish)'.

g had the sound of *g* in *go* initially before back vowels and *y*; in the group *ng*; before consonants; and when doubled: *gān* 'go', *god* 'god', *gylden* 'golden'; *lang* 'long', *springan* 'spring'; *glæd* 'glad'; *frogga* 'frog'.

g was sounded as in German *sagen* (like *ch* in *loch*, but with voice) medially between back vowels, and between *l, r* and back vowels; and finally after back vowels directly or in consonant groups: *dagas* 'days', *boga* 'bow', *hālga* 'saint', *beorgan* 'save'; *ġe·nōg* 'enough', *burg* 'city'.

g had a sound like Mn.E. *y* in *yet* initially and medially before *ĭ, ĕ*: *ġē* 'you', *ġiefan* 'give', *þeġen* 'servant'; also finally, in word or syllable, after these vowels and *ǣ*: *hāliġ* 'holy', *weġ* 'way', *dæġ* 'day', *sæġde* 'said'; and in some words after *r, l*: *byrġan* 'bury', *fylġan* 'follow'.

After *n* it sometimes had a sound like Mn.E. *dge* in *edge*: *sprengan* 'scatter'. *cg* represents this sound lengthened: *ecg* 'edge', *secgan* 'say'.

STRESS

4. The stress usually fell on the first syllable of a word. But when the first syllable was a prefix, usage varied: nouns and adjectives stressed the prefix, verbs the first syllable of the uncompounded word. The prefixes *ġe-* and *be-* were never stressed, *for-* rarely. In this book the stress is marked, when it is not on the first syllable, by (·) preceding the stressed syllable: *andswaru* 'answer', *andweard* 'present', but *ġe·lēafa* 'belief', *for·ġiefan* 'grant', *tō·berstan* 'burst'.

SOUND-CHANGES

5. In O.E. neighbouring sounds influenced each other to an extent unknown in Mn.E. Certain sounds modified others in prehistoric O.E., and then were themselves lost; so that the change is visible, but not the cause of it. Some sound-changes had important effects on O.E. accidence, so that a knowledge of them is necessary for an understanding of the grammar. The essentials only are set out here.

Vowels

6. (1) Before *m* and *n* (the 'nasal' consonants), *i* appears instead of *e*, *a* instead of *æ*, *u* instead of *o*. So *bindan* 'bind', pret. sing. *band*, past part. *bunden*, contrasted with *breġdan* 'pull', *bræġd*, *brogden*, of the same class of strong verbs.

(2) O.E. *æ*, which descends from older *a*, reverts to *a* before a single consonant followed by a back vowel: *dæġ* 'day', gen. sing. *dæġes*, but nom. acc. pl. *dagas*, dat. pl. *dagum*.

(3) **Breaking.** The front vowels *æ*, *e* become respectively the diphthongs *ea*, *eo* before *h*, or the groups *h*, *r*, *l*+consonant. So *feohtan* 'fight', *weorþan* 'become', contrasted with *breġdan* of the same conjugation. But *æ* is affected more than *e*, which is not changed by *l*+consonant. So *helpan* 'help' in infin., but in pret. sing., where *æ* would be normal (as *bræġd*), *healp*, *feaht*, *wearþ* all have *ea*. This change is called 'breaking'.

(4) The front vowels *ǣ*, *ē* become respectively the diphthongs *ēa*, *īe* after initial *ċ*, *ġ*, *sc*. So *ġiefan* 'give', pret. sing. *ġeaf*, pl. *ġēafon*, contrasted with *sprecan* 'speak', *sprǣc*, *sprǣcon*. (The pronoun *ġē* 'you' is not affected.)

(5) **i-mutation.** The back vowels, the diphthongs *ēa* and *ēo*, and the front vowels *ǣ* and *ē* were modified by the vowel *ī*, or the related consonant (the sound of *y* in Mn.E. *yet*, represented in German and other languages, and in the International Phonetic Alphabet, by *j*) in the following syllable. This gave rise to the following alternations between the unchanged vowels (or their descendants) and their 'mutated' variants in

positions in which *i/j* formerly followed. (The *i/j* was mostly lost before surviving records were written down.)

a:æ *as in* færþ, *3 sing. pres. indic. of* faran 'go'
a+m, n:e „ stent, „ „ standan 'stand'
ā:ǣ „ hǣtt, „ „ hātan 'call'
o:e „ dehter, *dat. sing. of* dohtor 'daughter'
ō:ē „ grēwþ, *3 sing. pres. indic. of* grōwan 'grow'
u:y „ byriġ, *dat. sing., nom. acc. pl. of* burg 'city'
ū:ȳ „ lȳcþ, *3 sing. pres. indic. of* lūcan 'lock'
æ:e „ settan 'set' *compared with* sæt 'sat'
e:i „ cwiþþ, *3 sing. pres. indic. of* cweþan 'say'
ea:ie „ hielt, „ „ healdan 'hold'
ēa:īe „ hīewþ, „ „ hēawan 'hew'
eo:ie „ fieht, „ „ feohtan 'fight'
ēo:īe „ cīest „ „ cēosan 'choose'

Most of these examples are drawn from verbal conjugation, in which this change plays an especially important part; but it affects also the declension of certain nouns, the comparison of certain adjectives and adverbs, and a great many aspects of derivation.[1] The same relation lies behind the alternation of *o* and *y* in associated forms like *gold* 'gold', *gylden* 'golden'; but here it is indirect, for the *y* is the mutation of *u* which was the original vowel in the word. This, the most important of all the O.E. sound-changes, is called 'i-mutation' or 'front mutation'.

(6) Some vowels in unstressed syllables were lost or preserved according to the length of the preceding syllable. A 'long' syllable is one which contains *either* a long vowel, *or* a short vowel followed by two consonants: *hūs* 'house', *folc* 'people', *cynn* 'race'.

(*a*) In a word of three syllables, of which the first is long and

---

[1] Examples are: *wand* 'wound' (pret. of *windan*): *wendan* 'turn'; *hāl* 'whole': *hǣlan* 'heal'; *fōda* 'food': *fēdan* 'feed'; *trum* 'strong': *trymman* 'strengthen'; *fūl* 'foul': *ā·fȳlan* 'defile'; *læġ* 'lay' (pret. of *licgan*): *lecgan* 'lay'; *cweþan* 'say': *cwide* 'speech'; *eald* 'old': *ieldra* 'older'; *tēam* 'progeny': *tīeman* 'teem'; *heord* 'herd': *hierde* 'herdsman'; *ġe·strēon* 'possession': *ġe·strīenan* 'gain'.

the second contains a short vowel followed by a single consonant, the vowel of the second syllable is generally lost. This affects mainly the declension of nouns with two syllables in the nominative, which would become trisyllabic by the addition of inflexional endings: *engel* 'angel', but gen. sing. *engles*, nom. acc. pl. *englas*; *hēafod* 'head', gen. sing. *hēafdes*.

(*b*) After a long monosyllable final *u* is lost: *scip* 'ship', nom. acc. pl. *scipu*, but *hūs* 'house', pl. *hūs*.

(7) **Gradation.** Certain vowels are associated with others in fixed series, as in Mn.E. series like *drive*, *drove*, *driven* or *ring*, *rang*, *rung*. In O.E., as in Mn.E., these series appear most clearly in the 'strong' verbs, where they are more numerous and more complex than their modern descendants (for examples see §§ 62–67); but they run through the whole language, and are most important in the study of etymology.[1] This phenomenon is called 'gradation'. Its origin lies far back in prehistoric times, and is not fully understood; it is thought to depend ultimately on variation of accent.

CONSONANTS

7. (1) Between vowels, and between *l*, *r* and a vowel, *h* is lost. The vowels which thus fall together contract into a long diphthong; and the vowel preceding the *l* or *r*, if short, is lengthened: *feoh* 'money', gen. sing. *fēos*; *Wealh* 'Welshman', nom. acc. pl. *Wēalas*; *feorh* 'life', gen. sing. *fēores*.

(2) In oblique cases of some words *w*, following a consonant, comes before an inflexional ending beginning with a vowel. In the uninflected forms of such words *w* is replaced by -*u*, and before an inflexional ending beginning with a consonant, by *o*: *ġearw-es* gen. sing. of *ġearu* 'ready', acc. sing. masc. *ġearo-ne*, gen. sing. fem. *ġearo-re*.

(3) Certain pairs of consonants alternate, especially in the

---

[1] Examples are: *be·līfan* 'remain': *lāf* 'remnant'; *wrītan* 'write': *ġe·writ* 'writing' (cf. § 62); *čēosan* 'choose', pret. pl. *curon*, to which is related by mutation *cyre* 'choice'; *būgan* 'bend': *boga* 'bow' (cf. § 63); *faran* 'go': *fōr* 'journey' (cf. § 67).

conjugation of strong verbs. The pairs are *s:r*, *þ:d*, *h:g*, occasionally *h:w*. The first member of each pair appears in infin., pres., and pret. sing.; the second member in pret. pl. and past part.: *ćēosan*, pret. sing. *ćēas*: pret. pl. *curon*, past part. *coren*; *cweþan*, *cwæþ*: *cwǣdon*, *cweden*; *tēah* 'drew', pl. *tugon*; *seah* 'saw', pl. *sāwon*. The same variation extends to formations outside the verbal system: *cwide* 'speech', related to *cweþan*; *hryre* 'fall' to *hrēosan* (cf. § 6 (7)). It depends on variation of stress at an early stage of the language.

For modifications of consonants before verbal endings see § 57.

INFLEXIONS

Nouns

8. Nouns are grouped according to their inflexions. Those which use predominantly the ending *n*, such as *nama* 'name', acc. gen. dat. sing., nom. acc. pl. *naman*, are commonly called 'weak'.[1] The others, such as *dæġ* 'day' (masc.), gen. sing. *dæġes*, nom. acc. pl. *dagas*, or *ġiefu* 'gift' (fem.), acc. gen. dat. sing. *ġiefe*, nom. acc. pl. *ġiefa*, are mostly 'strong'; but there are a few minor groups.

9. There are three genders, masculine, feminine, and neuter. The gender of some nouns agrees with the sex of the persons they denote, as *se mann* 'the man', *sēo dohtor* 'the daughter'. This may be called 'natural gender'. But nouns denoting inanimate objects may have masculine or feminine, as well as neuter, 'grammatical gender', as *se stān* 'the stone' (masc.), *sēo duru* 'the door' (fem.); and some nouns denoting living beings are neuter, as *þæt wīf* 'the woman'.

Grammatical gender is known only by the gender of the

---

[1] When used of nouns and adjectives, 'weak' is applied to the declensions in which earlier formal distinctions of case have been weakened by the loss of endings, so that the common suffix -*n* must fulfil several different functions. When used of verbs (§ 52) it is applied to those which form their past tense by the aid of a suffix, instead of by internal change of root-vowel.

article and other words connected with the noun, and, to some extent, by its form. All nouns ending in -*a* are masculine, as *se mōna* 'the moon'. (*Sēo sunne* 'the sun' is fem.) Those ending in -*dōm*, -*hād*, -*scipe* are also masculine: *se wīsdōm* 'wisdom', *se ċildhād* 'childhood', *se frēondscipe* 'friendship'. Those ending in -*nes*, -*þu*, -*u*/-*o* (from adjectives, § 20), -*rǣden*, -*ung* are feminine: *sēo rihtwīsnes* 'righteousness', *sēo strengþu* 'strength', *sēo bieldu* 'boldness' (from *beald*), *sēo mannrǣden* 'allegiance', *sēo scotung* 'shooting'.

Compounds follow the gender of their last element, as *þæt burg-ġeat* 'the city-gate', from *sēo burg* and *þæt ġeat*. Hence *se wīf-mann* 'the woman' is masculine.

10. There are four case forms in nouns, nominative, accusative, genitive, and dative. Adjectives and some pronouns have in addition distinct forms for an instrumental, but in nouns the function of this case is performed by the dative. In form, certain cases are identical: the accusative is the same as the nominative in all plurals, and in the singular of all neuters and all strong masculines. Masculine and neuter nouns differ in the plural only in nominative and accusative, and in the singular only in the accusative of weak nouns, which in neuters is the same as the nominative. The genitive plural of nearly all nouns ends in -*a* (sometimes preceded by -*en*-), the dative plural in -*um*.

Weak or -*n* Declension

11. This declension contains nouns of all three genders; but neuters are very few, virtually only *ēage* 'eye' and *ēare* 'ear'. The nominative masculine ends in -*a*, as *nama* 'name', feminine and neuter in -*e*, as *sunne* 'sun', *ēage* 'eye':

	Masc.		Fem.	
	Sing.	Pl.	Sing.	Pl.
N.	nam-a	nam-an	sunn-e	sunn-an
A.	nam-an	nam-an	sunn-an	sunn-an
G.	nam-an	nam-ena	sunn-an	sunn-ena
D.	nam-an	nam-um	sunn-an	sunn-um

Neut.

	Sing.	*Pl.*
NA.	ēag-e	ēag-an
G.	ēag-an	ēag-ena
D.	ēag-an	ēag-um

Nouns of this declension, especially masculines, are very numerous. All nouns in -a are declined like *nama*, e.g. *cnapa* 'boy', *ġe·fēra* 'companion', *flota* 'fleet', *fōda* 'food', *guma* 'man', *ġe·lēafa* 'belief', *mōna* 'moon', *mūþa* 'mouth of river', *oxa* 'ox', *ġe·rēfa* 'reeve', *steorra* 'star', *swēora* 'neck', *tēona* 'injury', *tīma* 'time', *þēowa* 'servant', *wita* 'councillor', *ġe·wuna* 'habit', *wyrhta* 'worker'. *Ieldran* 'ancestors' occurs in pl. only.

Feminines like *sunne* are: *ċiriċe* 'church', *eorþe* 'earth', *fǣmne* 'virgin', *heorte* 'heart', *hlǣfdīġe* 'lady', *mæsse* 'mass', *nǣdre* 'snake', *tunge* 'tongue', *wīse* 'manner'.

A few nouns of this declension ending in a long vowel or diphthong contract, and in effect add only the consonants of the case-endings, not the vowels: *ġe·fēa* (m.) 'joy', *ġe·fēan*; *lēo* (m. or f.) 'lion(ess)', *lēon*; *twēo* (m.) 'doubt', *twēon*.

Strong Declensions

12. There is a marked difference of inflexion between masculine and neuter on the one hand, feminine on the other (§ 10).

Masculine

13. (*a*) Most masculines of this declension end in a consonant, as *stān* 'stone', *engel* 'angel':

	Sing.	*Pl.*	*Sing.*	*Pl.*
NA.	stān	stān-as	engel	engl-as
G.	stān-es	stān-a	engl-es	engl-a
D.	stān-e	stān-um	engl-e	engl-um

Like *stān* are: *āþ* 'oath', *beorg* 'hill', *cniht* 'youth', *dǣl* 'part', *dōm* 'judgement', *eard* 'country', *eorl* 'nobleman', *fisc* 'fish', *gāst* 'spirit', *ġeard* 'enclosure', *hām* 'home', *hlāf* 'loaf', *māþm* 'treasure', *prēost* 'priest', *rāp* 'rope', *tūn* 'enclosure', *þēow* 'servant', *weġ* 'way', *wer* 'man'; also *cyning* 'king', *hlāford* 'lord', *wīsdōm* 'wisdom', and other disyllables with a long second syllable.

Like *engel* (§ 6 (6*a*)) are: *dryhten* 'lord', *ealdor* 'prince', *ēþel* 'native land', and a few with short first syllable: *fugol* 'bird', *nægel* 'nail', *þegen* 'servant'.

Dæġ 'day' changes its vowel in the plural (§ 6 (2)): *dæġes*, *dæġe*; *dagas, daga, dagum*. So also *hwæl* 'whale', *stæf* 'staff'.

Wealh 'Welshman' drops *h* in inflexion and lengthens the diphthong (§ 7 (1)): *Wēales, Wēalas*, &c. So also *feorh* 'life' (both masc. and neut.), *fēores*, &c.

A few nouns which mainly follow this declension often have *-a* instead of *-e* in dat. sing. The most important are: *feld* 'field', *ford* 'ford', *weald* 'forest', *sumor* 'summer', *winter* 'winter'.

Mōnaþ 'month' has nom. acc. plural unchanged.

(*b*) Some end in *-e*, as *ende* 'end'. The *-e* drops before the case-endings: *ende, endes, ende; endas, enda, endum*. So also *hierde* 'herdsman', and agent nouns in *-ere* like *fiscere* 'fisherman'.

(*c*) Many nouns in *-e* have a short first syllable: *cwide* 'speech', *cyre* 'choice', *eġe* 'fear', *hete* 'hatred', *hryre* 'fall', *lyre* 'loss', *mete* 'food' (pl. *mettas*), *siġe* 'victory', *sleġe* 'killing', *stede* 'place', *wine* 'friend', and abstracts in *-scipe*, as *frēondscipe* 'friendship'.

Here 'army' often has *-(i)ġ(e)-* before case-endings: *her(i)ġes*, *her(i)ġe; her(i)ġ(e)as, her(i)ġ(e)a, her(i)ġum*; but *heres, heras*, &c., also occur.

Plurals in -e

14. Several nouns have nom. acc. pl. in *-e* instead of *-as*. These are mostly names of peoples: *Dene* 'Danes', *Engle* 'English', *Mierċe* 'Mercians', *Norþ(an)hymbre* 'Northumbrians', *Seaxe* 'Saxons', and compounds of *-ware, -sǣte* 'dwellers', as *Cantware* 'men of Kent', *Sumorsǣte* 'men of Somerset'; but there are a few common nouns occurring only in plural: *ielde* 'men', *lēode* 'people'. *Wine* sometimes has plural in *-e*, as well as *-as*; so also, less often, *stede, cwide*.

Seaxe, Mierċe have gen. pl. *Seaxna, Mierċna. Dene, wine*
have alternative gen. pl. *Deniġ(e)a, winiġ(e)a.*

Neuter

15. Most end in a consonant, as *scip* 'ship', *hūs* 'house':

	Sing.	Pl.	Sing.	Pl.
N A.	scip	scip-u	hūs	hūs
G.	scip-es	scip-a	hūs-es	hūs-a
D.	scip-e	scip-um	hūs-e	hūs-um

Like *scip* are short monosyllables and their compounds: *god*
'(heathen) god', *ġe·bed* 'prayer', *ġe·writ* 'writing'.

Disyllables with long first syllable generally lose the vowel
of the second syllable in inflexion (§ 6 (6*a*)): *dēofol* 'devil',
dēofles, dēoflu. So also *mynster* 'monastery', *wǣpen* 'weapon',
wundor 'wonder'. *Hēafod* 'head' has pl. *hēafodu* or *hēafdu.*

Those in *-et* and *-en* usually double the consonant: *bærnet,*
'burning', *bærnette; fæsten* 'stronghold', *fæstennum.*

Fæt 'vessel' changes its vowel in plural (§ 6 (2)): *fætes, fæte;*
fatu, fata, fatum. So also *bæþ* 'bath'. *Ġeat* 'gate' generally has
pl. *gatu, gata, gatum.*

Feoh 'money' drops *h* in inflexion and lengthens the diph-
thong (§ 7 (1)): *fēos, fēo. Wōh* 'wrong' has *wōs, wō.*

Like *hūs* are nouns with long single or final syllable (§ 6
(6*b*)): *bān* 'bone', *bearn* 'child', *ċild* 'child' (see also § 26),
dēor 'wild beast', *flōd* 'flood' (also masc.), *folc* 'people', *gold*
'gold', *ġēar* 'year', *land* 'land', *līċ* 'body', *mōd* 'mind', *ġe·mōt*
'meeting', *scēap* 'sheep', *þing* 'thing', *wīf* 'woman', *word* 'word'.

Disyllables with short first syllable keep the medial vowel
in inflexion, and generally have no *-u* in nom. acc. pl.: *werod*
'troop', *werodes*, &c.; *wæter* 'water' has pl. *wæteru* beside *wæter.*

16. Some end in *-e*, as *rīċe* 'kingdom', *wīte* 'punishment':

	Sing.	Pl.	Sing.	Pl.
N A.	rīċ-e	rīċ-u, -iu	wīt-e	wīt-u
G.	rīċ-es	rīċ-a	wīt-es	wīt-a
D.	rīċ-e	rīċ-um	wīt-e	wīt-um

Like *rīċe* is *styċċe* 'piece'.
Like *wīte* are *ǣrende* 'message', *ġe·þēode* 'language'.
With short first syllable is *spere* 'spear'.

Feminine

17. Feminines with short root syllable end in *-u* in nom.
sing., those with long root syllable have no ending (§ 6 (6*b*)); so
ġiefu 'gift', *lār* 'teaching':

	Sing.	Pl.	Sing.	Pl.
N.	ġief-u	ġief-a, -e	lār	lār-a, -e
A.	ġief-e	ġief-a, -e	lār-e	lār-a, -e
G.	ġief-e	ġief-a, -ena	lār-e	lār-a, -ena
D.	ġief-e	ġief-um	lār-e	lār-um

Like *ġiefu* are: *andswaru* 'answer', *lufu* 'love', *scamu* 'shame',
talu 'tale', *wicu* 'week'.

Like *lār* are: *ār* 'mercy', *feorm* 'food', *healf* 'half', *heall* 'hall',
lāf 'remainder', *mearc* 'boundary', *rōd* 'cross', *scīr* 'shire', *sorg*
'sorrow', *sprǣċ* 'speech', *stōw* 'place', *þēod* 'people', *wund*
'wound'.

Disyllabic words with long first syllable lose the medial
vowel (§ 6 (6*a*)): *sāwol* 'soul', *sāwle*, &c.; also *ċeaster* 'city',
frōfor 'comfort'.

Nouns in *-en* double the *n* in inflexion: *byrþen* 'burden',
byrþenne; so those in *-rǣden*, as *hierdrǣden* 'guardianship'.

Those in *-nes* similarly double the *s*: *gōdnes* 'goodness',
gōdnesse, &c.

Mǣd 'meadow' and *lǣs* 'pasture' add *w* before inflexional
endings other than *-um*: *mǣdwe*, *lǣswe*; but *mǣdum*.

18. A considerable group of feminines has acc. sing. the
same as nom., and *-e* regularly in nom. acc. pl. All these have
long root syllables. Some of the most important are: *ǣht*
'property', *brȳd* 'bride', *cwēn* 'queen', *cyst* 'virtue', *dǣd* 'deed',
fierd 'army', *hǣs* 'command', *lyft* 'air', *miht* 'power', *nīed* 'need',
tīd 'time', *wēn* 'hope', *wynn* 'joy', *wyrd* 'fate', *wyrt* 'plant'.

Minor Declensions

19. -u Declension. This includes both masculine and feminine nouns. Most have short root syllables, and *-u* in nom. acc. sing. The few with long root syllables have no *-u* (§ 6 (6*b*)). Inflexion of masculine and feminine is identical; so *sunu* (m.) 'son', *hand* (f.) 'hand':

	Sing.	Pl.	Sing.	Pl.
NA.	sun-u	sun-a	hand	hand-a
G.	sun-a	sun-a	hand-a	hand-a
D.	sun-a	sun-um	hand-a	hand-um

Like *sunu* is the masc. *wudu* 'wood' and the fem. *duru* 'door'. Like *hand* is the fem. *flōr* 'floor'.

20. Also with *-u* (*-o*) in nom. sing., but otherwise distinct, are two groups of feminine abstract nouns formed from adjectives: one with ending *-þu*, as *strengþu* 'strength', the other with ending *-u* (*-o*), as *bieldu, bieldo* 'boldness', *ieldu* 'age', *meniġu* 'multitude'. These often have *-e* in the oblique cases, like *ġiefu*; but they are often not declined at all in the singular, and the plural of such nouns, naturally, hardly ever occurs.

21. Three small but important groups form some of their cases by change of root-vowel, according to § 6 (5), instead of by adding endings:

22. (1) 'Mutation plurals', both masculine and feminine, as *fōt* (m.) 'foot', *burg* (f.) 'city':

	Sing.	Pl.	Sing.	Pl.
NA.	fōt	fēt	burg	byriġ
G.	fōt-es	fōt-a	byriġ, burg-e	burg-a
D.	fēt	fōt-um	byriġ	burg-um

Like *fōt* are *mann* (*menn*), *tōþ* 'tooth' (*tēþ*).

Like *burg* are *bōc* 'book' (*bēċ*), *gōs* 'goose' (*ġēs*), *mūs* 'mouse' (*mȳs*). *Niht* 'night' belongs to this class, but generally has the same vowel throughout; it sometimes follows § 18.

23. (2) *-r* nouns, all denoting relationship: *fæder* 'father', *mōdor* 'mother', *dohtor* 'daughter', *brōþor* 'brother', *sweostor* 'sister'. The gender is natural:

	Sing.	Pl.	Sing.	Pl.
NA.	brōþor	brōþor, brōþr-u	fæder	fæder-as
G.	brōþor	brōþr-a	fæder, fæder-es	fæder-a
D.	brēþer	brōþr-um	fæder	fæder-um

Like *brōþor* is *mōdor*, which sometimes has *mēder* in gen. as well as dat. sing. *Dohtor* has dat. sing. *dehter*, nom. acc. pl. *dohtor*, *-tru*. *Sweostor* is unchanged throughout sing. and nom. acc. pl. Only *fæder* has adopted the ordinary strong pl. endings.

24. (3) *-nd* nouns, formed from the present participle of verbs: only *frēond* 'friend', *fēond* 'enemy' (both masc.):

	Sing.	Pl.
NA.	frēond	frīend, frēond-as
G.	frēond-es	frēond-a
D.	frīend, frēond-e	frēond-um

25. Other nouns from participles, in *-end*, have the adjectival gen. pl. ending *-ra*. They are mostly masculine. So *būend* 'dweller':

	Sing.	Pl.
NA.	būend	būend, būend-e, būend-as
G.	būend-es	būend-ra
D.	būend-e	būend-um

So also *hǣlend* 'Saviour', *wealdend* 'ruler'.

26. A few neuters have *-r-* before the plural endings: *lamb* 'lamb' is like *land* in sing. (§ 15), but has pl. *lamb-ru*, *lamb-ra*, *lamb-rum*. So also *ǣġ* 'egg'. *Ċild* 'child' sometimes has these endings.

Proper names

27. Native names of persons are declined like other nouns—*Ælf-red*, g. *Ælfred-es*, d. *Ælfred-e*; *Ēad-burg* (fem.)

g. *Eadburg-e*, &c. Foreign personal names sometimes follow the analogy of native names: *Crīst*, *Salomon* have g. *Crīst-es*, *Salomon-es*, d. *Crīst-e*, *Salomon-e*. Sometimes they are declined as in Latin, especially those in *-us*; but often with a mixture of English endings, and with the Latin endings used somewhat loosely, the accusative ending serving for the dative as well: *Cȳrus*, g. *Cȳres*, a. *Cȳrum*, d. *Cȳrum* (as *tō þǣm cyninge Cȳrum*).

Many names of countries and districts are compounds, formed from the name of the inhabitants followed by *land*. The first element is commonly in the gen. pl., but ordinary compounds also occur: *Engla-land* 'land of the English, England', *Norþhymbra-land* 'Northumbria'; but *Scot-land*. The name of the inhabitants is very often used for the country itself: *on Ēast-englum* 'in East Anglia', lit. 'among the East Anglians'. Similarly *on Angel-cynne* 'in England', lit. 'among the English race' (but *Angelcynnes land* is also frequent), *Israhēla þēod* 'Israel'. Many other such names are taken from Latin, as *Breten* 'Britain', *Cent* 'Kent', *Germānia* 'Germany'. Such names are sometimes left undeclined: *on Cent*, *tō Hierusalēm*. Those ending in *-a* take *-e* in the oblique cases: g. *Germānie*.

ADJECTIVES

28. Adjectives have strong and weak inflexions, but they differ from nouns in that every adjective (with very few exceptions) is capable of being declined *both* strong *and* weak. The use of one or the other form is a matter of syntax, depending on the relation of the adjective to neighbouring words (§ 89). Adjectives have three gender forms, and the same cases as nouns; and in addition, in masculine and neuter singular the strong declension has an *instrumental* case of distinct form. In feminine and plural, and in the weak declension, the dative serves the same purpose.

Strong Declension

29. Many endings (italicized in the paradigm) differ from those of nouns. Masculine and neuter again stand together, and differ markedly from feminine. So

(a) *cwic* 'alive':

	Masc.	Neut.	Fem.
		Sing.	
N.	cwic	cwic	cwic-u
A.	cwic-*ne*	cwic	cwic-e
G.	cwic-es	cwic-es	cwic-*re*
D.	cwic-*um*	cwic-*um*	cwic-*re*
I.	cwic-e	cwic-e	(cwic-*re*)

		Pl.	
NA.	cwic-*e*	cwic-u	cwic-a, -e
		all genders	
G.		cwic-*ra*	
D.		cwic-um	

(b) *gōd* 'good' is similar except as follows (§ 6 (6b)):

N. Sing.	gōd	gōd	gōd
NA. Pl.	gōd-e	gōd	gōd-a, -e

In later texts all genders of the plural (of both types) commonly have the form of the masculine.

(a) Like *cwic* are adjectives with short root syllable: *til* 'good', *sum* 'some, a certain' (but nom. sing. fem. *sum* also occurs), and those with short final syllable, such as the numerous compounds ending in -*liċ* and -*sum*: *fǣr-liċ* 'sudden', *ġe·hīer-sum* 'obedient'.

Disyllabic adjectives with long first syllable generally lose the medial vowel before inflexional endings beginning with a vowel (§ 6 (6a)): *hāliġ* 'holy', *hālġes*, *hālgum*, &c. So also, though with short first syllable, *miċel* 'great', *miclu*, *micles*, *miclum*, &c., and often *yfel* 'bad', *yfles*, &c. The vowel is, of course, retained before endings beginning with a consonant: *hāliġne*, *miċelre*, *yfelra*.

Disyllabic adjectives (and participles) with long first syllable sometimes have nom. sing. fem. without ending, as well as the regular form in -*u*. Thus *hālig̊* may be masculine, feminine, or neuter.

Adjectives with *æ* in the root syllable, as *glæd* 'glad', *hwæt* 'vigorous', change it to *a* before all endings beginning with a vowel: *glades, gladum, glade*, but *glædne, glædre*, &c.

Those in -*e*, as *blīþe* 'joyful', drop it in all inflexions: *blīþne, blīþu, blīþre*, &c.

Those in -*u*, as *g̊earu* 'ready', change the -*u* to -*w*- before vowels, to -*o*- before consonants (§ 7 (2)): *g̊earwes, g̊earone*.

Those ending in a double consonant simplify it before consonants: *nytt* 'useful', *nytne*.

(*b*) Like *g̊ōd* are adjectives with long root or final syllable: *hāl* 'whole', *eald* 'old', *sig̊e-fæst* 'victorious'.

Disyllables with short first syllable vary: *manig̊* 'many' has nom. sing. fem. and nom. acc. pl. neut. regularly *manig̊*, but also *manigu*.

Hēah 'high' drops its second *h* in inflexion and contracts: *hēas, hēam, hēare*, nom. pl. *hēa*, &c. The acc. sing. masc. is mostly *hēanne*.

Fēa 'few' has only plural inflexions: gen. *fēara*, dat. *fēam*. Regular forms *fēawe, fēawum* also occur.

Fela 'many' is indeclinable.

Weak Declension

30. The weak inflexions of adjectives are the same as those of nouns, except that the gen. pl. usually ends in -*ra*, as in the strong adjective.

	Masc.	*Sing.* *Neut.*	*Fem.*	*Pl.* *All genders*
N.	gŏd-a	gŏd-e	gŏd-e	gŏd-an
A.	gŏd-an	gŏd-e	gŏd-an	gŏd-an
G.	gŏd-an	gŏd-an	gŏd-an	gŏd-ra (-ena)
D.	gŏd-an	gŏd-an	gŏd-an	gŏd-um

The changes of vowel and consonant in particular words are as in the strong declension.

Comparison

31. The comparative is formed by adding *-ra*, and is always declined weak: *lēof* 'dear', comp. masc. *lēofra*, fem. *lēofre*, pl. *lēofran*, &c. Adjectives in *-e* drop it before the ending: *mǣre* 'famous', *mǣrra*.

The superlative is formed by adding *-ost*, and may be either weak or strong: *lēofost(a)*, *mǣrost(a)*.

32. A few adjectives have mutated vowels (§ 6 (5)) in comparative and superlative, and *-est* as the superlative ending (contracted to *-st* in one or two words). The most important are:

eald	'old'	ieldra	ieldest
ġeong	'young'	ġingra	ġingest
lang	'long'	lengra	lengest
strang	'strong'	strengra	strengest
hēah	'high'	hīerra	hīehst

33. The following form comparative and superlative from roots different from those of the positive:

gōd	'good'	betera, betra	betst
		sēlra	sēlest
yfel	'bad'	wiersa	wier(re)st
miċel	'great'	māra	mǣst
lȳtel	'little'	lǣssa	lǣst

34. The following have only comparative and superlative forms, the corresponding positives being adverbs:

(ǣr	'formerly')	ǣrra	ǣrest
(feorr	'far')	fierra	fierrest
(fore	'before')		forma, fyrmest, fyr(e)st
(nēah	'near')	nēarra	nīehst
(ūte	'outside')	ūterra	ūt(e)mest
		ȳterra	ȳt(e)mest

COMPARISON OF ADVERBS

35. The regular comparative is formed by adding *-or*, the superlative by adding *-ost*, instead of the usual positive ending *-e*: *swīþe* 'greatly', *swīþor*, *swīþost*; *blīþelīċe* 'joyfully', *blīþelicor*, *blīþelicost*.

36. A few adverbs have mutated vowels in comparative and superlative, and *-est* as the superlative ending. These have no ending at all in the comparative: *lange* 'long', *leng*, *lengest*.

37. The following, like the corresponding adjectives, form comparative and superlative from roots different from those of the positive:

wel	'well'	bet	bet(e)st
		sēl	sēlest
yfle	'badly'	wiers	wier(re)st
micle	'much'	mā	mǣst
lȳt	'little'	lǣs	lǣst

NUMERALS

38.

Cardinal		Ordinal	
ān	'one'	forma	'first'
twā		ōþer	
þrēo		þridda	
fēower		fēorþa	
fīf		fīfta	
siex		siexta	
seofon		seofoþa	
eahta		eahtoþa	
nigon		nigoþa	
tīen		tēoþa	
en(d)leofon		en(d)leofta	
twelf		twelfta	
þrēo-tīene	'thirteen'	þrēo-tēoþa	

and so on to

Cardinal		Ordinal
nigon-tīene	'nineteen'	nigon-tēoþa
twen-tiġ	'twenty'	twentigoþa
þrī-tiġ	'thirty'	þrītigoþa
fēower-tiġ	'forty'	fēowertigoþa
fīf-tiġ	'fifty'	fīftigoþa
siex-tiġ	'sixty'	siextigoþa
hund·seofon-tiġ	'seventy'	
hund·eahta-tiġ	'eighty'	
hund·nigon-tiġ	'ninety'	
hund, hundred,		
hund·tēon-tiġ	'hundred'	
hund·endleofon-tiġ	'a hundred and ten'	
hund·twelf-tiġ	'a hundred and twenty'	
þūsend	'thousand'	

39. *Ān* is declined like other adjectives. Weak forms are generally used in the sense 'alone'.

Twā:	*Masc.*	*Neut.*	*Fem.*
NA.	twēġen	twā, tū	twā

		all genders	
G.		twēġra, twēġ(e)a	
D.		twǣm	

So also *bēġen* 'both': *bā, bēġra, bǣm.*

Þrēo:	*Masc.*	*Neut.*	*Fem.*
NA.	þrīe	þrēo	þrēo

		all genders	
G.		þrēora	
D.		þrim	

40. The numerals from *fēower* to *nigontīene* are generally undeclined. When used without a noun they sometimes take the following endings: nom. *-e*; gen. *-a*; dat. *-um*: *fīf-e, fīf-a, fīf-um.* Those in *-tiġ* are sometimes declined like neuter nouns, sometimes like adjectives, but are often left undeclined. When not used as adjectives they govern the genitive. *Hund* and *þūsend* are either declined as neuter nouns or left undeclined, and always take the genitive: *eahta hund mīla* 'eight hundred miles', *fēower þūsend wera* 'four thousand men'.

In numbers made up of tens and units, the units always precede: *ān and twentiġ* 'twenty-one'.

41. Ordinals are always declined weak, except *ōþer* which is always strong. 'A certain number and a half' is expressed by the ordinal of the number next above, with *healf*: *þridde healf* 'two and a half' ('two complete and the third a half'); *fēorþe healf hund* 'three hundred and fifty'.

PRONOUNS
Personal

42. First Person

	Sing.	Dual	Pl.
N.	iċ	wit	wē
A	mē	unc	ūs
G.	mīn	uncer	ūre
D.	mē	unc	ūs

43. Second Person

	Sing.	Dual	Pl.
N.	þū	ġit	ġē
A.	þē	inc	ēow
G.	þīn	incer	ēower
D.	þē	inc	ēow

44. Third Person

	Sing.			Pl.
	Masc.	Neut.	Fem.	All genders
N.	hē	hit	hēo	hīe
A.	hine	hit	hīe	hīe
G.	his	his	hi(e)re	hi(e)ra
D.	him	him	hi(e)re	him

45. There are no special reflexive pronouns. The ordinary personal pronouns are used instead: *hīe ge·samnodon hīe* 'they collected themselves, assembled'; *hīe ā·bǣdon him wīf* 'they asked for wives for themselves'. *Self* is used as an emphatic reflexive adjective. Sometimes it agrees with an associated pronoun: *swā swā hīe wȳscton him selfum* 'as they wished for themselves'; but sometimes with the subject, the pronoun being in the dative ('of interest'): *God fore·scēawaþ him self þā offrunge* 'God himself will provide the offering (for himself)'.

Possessive

46. *Mīn, þīn, ūre, ēower,* and the duals *uncer* and *incer* are declined like other adjectives, but do not take weak forms. The genitives *his, hiere, hiera* are used as indeclinable possessives.

47.   **Demonstrative and Definite Article**

	Masc.	Sing. Neut.	Fem.	Pl. All genders
N.	sē	þæt	sēo	þā
A.	þone	þæt	þā	þā
G.	þæs	þæs	þǣre	þāra
D.	þǣm	þǣm	þǣre	þǣm
I.	þȳ	þȳ, þon	(þǣre)	

This pronoun is most commonly used as a definite article. It is sometimes used as a personal pronoun: *hē ge·hīerþ mīn word, and þā wyrcþ* 'he hears my words, and does them'. *Sē* as a demonstrative and personal pronoun has its vowel long.

48.   **Demonstrative 'this'**

	Masc.	Sing. Neut.	Fem.	Pl. All genders
N.	þes	þis	þēos	þās
A.	þisne	þis	þās	þās
G.	þisses	þisses	þisse	þissa
D.	þissum	þissum	þisse	þissum
I.	þȳs	þȳs	(þisse)	

49.   Interrogative

	Masc. and Fem.	*Neut.*
N.	hwā	hwæt
A.	hwone	hwæt
G.	hwæs	hwæs
D.	hwǣm	hwǣm
I.		hwȳ, hwon

Hwelċ 'which' is declined like a strong adjective. It is used both as a pronoun and as an adjective.

Relative

50. There is no separate relative pronoun. The commonest relative is the particle *þe*, which is indeclinable and serves for all genders and numbers: *ǣlċ þāra þe þās mīn word ġe·hīerþ* 'everyone who hears these words of mine'. It is often combined with *sē*, which is declined: *sē þe* 'who' masc., *sēo þe* fem., &c. *Sē* alone is also used as a relative: *hīe þā hine ā·wurpon intō ānum sēaþe, on þǣm wǣron seofon lēon* 'they then threw him into a pit, in which were seven lions'. It sometimes has the sense of 'he who', 'that which': *hēr þū hæfst þæt þīn is* 'here thou hast that which is thine'.

Indefinite

51. The interrogatives *hwā, hwelċ,* &c., are used also in the sense of 'any(one), any(thing)'. They are combined with *swā* to mean 'whoever, whatever': *swā hwā swā, swā hwæt swā, swā hwelċ swā*. *Ān* and *sum* are sometimes used indefinitely: *ān mann, sum mann* 'a certain man', hence simply 'a man'. But the indefinite article is more often not expressed. See further § 90.

Man, a form of *mann,* is often used in the indefinite sense of 'one' (French *on,* German *man*): *his brōþor Horsan man of·slōg* 'they killed his brother Horsa', 'his brother H. was killed'.

Ǣlċ 'each', *ǣniġ* 'any', *nǣniġ* 'no, none' are declined like adjectives. They are used both as pronouns and as adjectives.

The addition of the prefix *ġe-* changes the sense of some indefinites from 'any' to 'every': *hwā* 'anyone', *ġe·hwā* 'everyone'. A frequent idiom is *ānra ġe·hwelċ* 'everyone'.

VERBS

52. There are two main classes of verbs, called 'strong' and 'weak'. The difference between them lies principally in the formation of the preterite tense. That of strong verbs is made by changing the vowel of the root syllable according to fixed series ('vowel-gradation', § 6 (7)); that of weak verbs by adding to the root syllable a suffix containing *d* (*-ede, -ode, -de*), sometimes changed to *t* by assimilation to the preceding consonant.

53. Only two tenses are distinguished in form, present and preterite. There is no formal passive, except in the one form, surviving from an older stage of the language, *hātte* from *hātan* 'call, name', which is both present ('is called') and preterite ('was called'): *se munuc hātte Abbo* 'the monk's name was Abbo'. Persons are distinguished only in the singular of the present and preterite indicative.

54. The present and past participles may be declined like adjectives. The past participle generally prefixes *ġe-*, as in *ġe·bunden* 'bound', *ġe·numen* 'taken', unless the other parts of the verb have the prefix already: *ġe·hīeran* 'hear', *ġe·hīered*. No *ġe-* is added if the verb has another prefix, such as *ā-, be-, for-*: *for·ġiefan* 'grant', *for·ġiefen*.

Strong

55. The following is the complete conjugation of a typical strong verb, *bindan* 'bind':

		Indicative	Subjunctive
Pres. sing.	1.	bind-e	bind-e
	2.	bind-est, bintst	bind-e
	3.	bind-eþ, bint	bind-e
pl.		bind-aþ	bind-en

		Indicative	*Subjunctive*
Pret. sing.	1.	band	bund-e
	2.	bund-e	bund-e
	3.	band	bund-e
pl.		bund-on	bund-en

Imperative sing. bind; *pl.* bind-aþ. *Infinitive* bind-an; *inflected infin.* tō bind-enne. *Participle pres.* bind-ende; *past* ġe·bunden.

56. When a pronoun subject immediately follows the verb, the endings -*on*, -*en*, and -*aþ* of 1 and 2 persons pl. pret. indic., pres. and pret. subj., and pres. indic. and imper., are often replaced by -*e*: *wē bindaþ* 'we bind', but *binde wē* 'let us bind', 'do we bind?'; *gāþ!* 'go!', but *gā ġē!* 'go ye!'

57. The full endings of 2 and 3 sing. pres. indic. are -*est* and -*eþ*. These are generally contracted ('syncopated'), and the consonants which thus fall together change as follows:

-test, -teþ	*become*	-tst, -tt:	lǣtst, lǣtt	*from* lǣtan 'let'
-dest, -deþ	„	-tst, -tt:	bītst, bītt	„ bīdan 'wait'
-ddest, -ddeþ	„	-tst, -tt:	bitst, bitt	„ biddan 'pray'
-þest, -þeþ	„	-(þ)st, -þþ:	cwi(þ)st, cwiþþ	*from* cweþan 'say'
-sest, -seþ	„	-st, -st:	ćīest, ćīest	*from* ćēosan 'choose'
-ndest, -ndeþ	„	-ntst, -nt:	bintst, bint	„ bindan 'bind'

g often becomes *h*, as *flīehþ* from *flēogan* 'fly'.

Double consonants become single before the endings, as *fielst*, *fielþ* from *feallan* 'fall'.

Double final consonants are often simplified: *lǣt*, *bīt*, *cwiþ*.

58. When the 2 and 3 sing. are contracted in this way the root vowel is mutated, according to the series set out in § 6 (5). (The vowels *i̯*, *ǣ*, *ē* are not subject to mutation.)

59. In the pret. indic. the pl. generally has a different vowel from the sing.: *iċ band*, but *wē bundon*. The 2 sing. pret. indic.

and the whole of the pret. subj. have the vowel of the pret. *plural* indic.: *þū bunde, wē bunden*.

60. Some 'contracted' verbs, such as *sēon* 'see', have *h* in certain forms, but have lost it in those parts in which it came between two vowels (§ 7 (1)): *iċ sēo, wē sēoþ, tō sēonne*. It remains in 2 and 3 sing. pres. indic.: *si(e)hst, si(e)hþ*; imper. sing.: *seoh*; pret. sing.: *seah*.

61. There are seven conjugations or 'classes' of strong verbs, distinguished mainly by the different formation of their preterites. A few verbs, though having a strong preterite, form their present according to the first weak class (§ 70).

The following lists include all the strong verbs that occur in the texts in this book, together with several others of the commoner ones. They give the four 'principal parts', which enable the conjugation to be completed, and also the 3 sing. pres. indic.

Class I—'Drive' conjugation

62. Vowel series: pres. *ī*, pret. sing. *ā*, pl. *i*, past part. *i*.

Infin.	3 pres.	Pret. sing.	Pret. pl.	Past part.
bīdan 'wait'	bītt	bād	bidon	biden
bītan 'bite'	bītt	bāt	biton	biten
drīfan 'drive'	drīfþ	drāf	drifon	drifen
hrīnan 'touch'	hrīnþ	hrān	hrinon	hrinen
mīþan 'hide'	mīþþ	māþ	miþon	miþen
rīpan 'reap'	rīpþ	rāp	ripon	ripen
(ā)rīsan 'rise'	-rīst	-rās	-rison	-risen
snīþan 'cut'	snīþþ	snāþ	snidon	sniden
stīgan 'ascend'	stīġþ	stāg	stigon	stigen
(be)swīcan 'deceive'	-swīcþ	-swāc	-swicon	-swicen

Like *bīdan* are *gnīdan* 'rub', *rīdan* 'ride'.
Like *bītan* are *slītan* 'tear', *ġe·wītan* 'depart', *wrītan* 'write'.
Like *drīfan* is *(be)līfan* 'remain'.
Like *hrīnan* is *scīnan* 'shine'.
Like *-swīcan* is *snīcan* 'creep'.

Infin.	3 pres.	Pret. sing.	Pret. pl.	Past part.

Contracted:

þēon 'prosper'	þīehþ	þāh	þigon	þigen

Class II—'Choose' conjugation

63. Vowel series: pres. *ēo* and *ū*, pret. sing. *ēa*, pl. *u*, past part. *o*.

bēodan 'offer'	bīett	bēad	budon	boden
brēotan 'break'	brīett	brēat	bruton	broten
čēosan 'choose'	čīest	čēas	curon	coren
flēogan 'fly'	flīehþ	flēag	flugon	flogen
hrēowan 'rue'	hrīewþ	hrēaw	hruwon	hrowen
sēoþan 'boil'	sīeþþ	sēaþ	sudon	soden
smēocan 'smoke'	smīecþ	smēac	smucon	smocen

Like *brēotan* are *flēotan* 'float', *scēotan* 'shoot'.
Like *čēosan* are *hrēosan* 'fall', (*for*)*lēosan* 'lose'.

ū-presents:

brūcan 'enjoy'	brȳcþ	brēac	brucon	brocen
būgan 'bow'	bȳhþ	bēag	bugon	bogen
lūtan 'bow'	lȳtt	lēat	luton	loten
scūfan 'push'	scȳfþ	scēaf	scufon	scofen

Like *brūcan* is *lūcan* 'lock'.

Contracted:

flēon 'flee'	flīehþ	flēah	flugon	flogen
tēon 'draw'	tīehþ	tēah	tugon	togen

Class III—'Bind' conjugation

64. The vowel of the infinitive is followed by two consonants, of which the first is nearly always a nasal (*m, n*) or a liquid (*l, r*). The vowel series depends on this consonant (§ 6 (1, 3)).

(*a*) before nasal+cons., pres. *i*, pret. sing. *a*, pl. *u*, past part. *u*.

bindan 'bind'	bint	band	bundon	bunden
drincan 'drink'	drincþ	dranc	druncon	druncen

Infin.	*3 pres.*	*Pret. sing.*	*Pret. pl.*	*Past part.*
findan 'find'	fint	funde, fand	fundon	funden
(on)ġinnan 'begin'	-ġinþ	-gann	-gunnon	-gunnen
ġe·limpan 'happen'	-limpþ	-lamp	-lumpon	-lumpen
springan 'spring'	springþ	sprang	sprungon	sprungen
swimman 'swim'	swimþ	swamm	swummon	swummen
winnan 'fight'	winþ	wann	wunnon	wunnen

Like *bindan* are *grindan* 'grind', *windan* 'wind'.
Like *drincan* are *scrincan* 'shrink', *swincan* 'toil'.
Like *springan* are *swingan* 'beat', *wringan* 'wring'.

(*b*) before *l*+cons., pres. *e* (*ie*, § 6 (4)), pret. sing. *ea*, pl. *u*, past part. *o*.

delfan 'dig'	dilfþ	dealf	dulfon	dolfen
ġieldan 'pay'	ġielt	ġeald	guldon	golden
helpan 'help'	hilpþ	healp	hulpon	holpen
sweltan 'die'	swilt	swealt	swulton	swolten

(*c*) before *r*+cons. (also *h*+cons.), pres. *eo*, pret. sing. *ea*, pl. *u*, past part. *o*.

beorgan 'protect'	bierhþ	bearg	burgon	borgen
ċeorfan 'cut'	ċierfþ	ċearf	curfon	corfen
feohtan 'fight'	fieht	feaht	fuhton	fohten
weorpan 'throw'	wierpþ	wearp	wurpon	worpen
weorþan 'become'	wierþ	wearþ	wurdon	worden

Two verbs of this form have the vowel series of (*a*), to which they belonged before metathesis of *r*:

bi(e)rnan 'burn'	bi(e)rnþ	barn	burnon	burnen
i(e)rnan 'run'	i(e)rnþ	arn	urnon	urnen

Exceptional are:

berstan 'burst'	bi(e)rst	bærst	burston	borsten
breġdan 'pull'	[brītt][1]	bræġd	brugdon	brogden
friġnan 'ask'	[frīnþ]	fræġn	frugnon	frugnen
murnan 'mourn'	myrnþ	mearn	murnon	

[1] [ ] indicates that no regular forms are recorded.

Class IV—'Bear' conjugation

65. The vowel of the infinitive is followed by a single consonant, nearly always a liquid or nasal: in *brecan* the liquid precedes.

Vowel series: pres. *e* (*i* before *m*), pret. sing. *æ* (*a*), pl. *ǣ* (*ō*), past part. *o* (*u*). *Cuman* is irregular.

Infin.	3 pres.	Pret. sing.	Pret. pl.	Past part.
beran 'bear'	bi(e)rþ	bær	bǣron	boren
brecan 'break'	bricþ	bræc	brǣcon	brocen
scieran 'cut' (§ 6 (4))	scierþ	scear	scēaron	scoren
stelan 'steal'	stilþ	stæl	stǣlon	stolen

Like *beran* is *teran* 'tear'.

niman 'take'	nimþ	nōm, nam	nōmon, nāmon	numen
cuman 'come'	cymþ	cōm	cōmon	cumen

Class V—'Give' conjugation

66. The vowel of the infinitive is followed by a single consonant not a liquid or nasal. This class differs from Class IV only in the past part., which has the same vowel as the infin.

Vowel series: pres. *e* (*ie*, § 6 (4)), pret. sing. *æ* (*ea*), pl. *ǣ* (*ēa*), past part. *e* (*ie*).

cweþan 'say'	cwiþþ	cwæþ	cwǣdon	cweden
etan 'eat'	itt	ǣt	ǣton	eten
ġiefan 'give'	ġiefþ	ġeaf	ġēafon	ġiefen
(be)ġietan 'get'	-ġiett	-ġeat	-ġēaton	-ġieten
metan 'measure'	[met]	mæt	mǣton	meten
sprecan 'speak'	spricþ	spræc	sprǣcon	sprecen

Like *sprecan* is *wrecan* 'avenge'.

The following have weak presents, with vowel *i* (a mutation of normal *e*, which appears in past part.) and a doubled consonant. (In imper. sing. they have *bide, liġe, site, þiġe.*)

biddan 'pray'	bitt	bæd	bǣdon	beden
licgan 'lie'	liþ	læġ	lǣgon	leġen

Infin.	*3 pres.*	*Pret. sing.*	*Pret. pl.*	*Past part.*
sittan 'sit'	sitt	sæt	sǣton	seten
þicgan 'receive'	þiġeþ	þeah	þǣgon	þeġen

Contracted:

sēon 'see'	si(e)hþ	seah	sāwon	sewen

Class VI—'Shake' conjugation

67. Vowel series: pres. *a*, pret. sing. and pl. *ō*, past part. *a* (*æ*). *Standan* drops its *n* in the pret. The past part. of *swerian* is irregular.

faran 'go'	færþ	fōr	fōron	faren
sacan 'quarrel'	sæcþ	sōc	sōcon	sacen
scacan 'shake'	scæcþ	scōc	scōcon	scacen
standan 'stand'	stent	stōd	stōdon	standen

The following have weak presents, with vowel *e* (a mutation of *æ* from earlier *a*) and a doubled consonant or *-ian*. (Imper. sing. *hefe*, *swere*.)

hebban 'lift'	hefþ	hōf	hōfon	hafen
scieppan 'create'	sciepþ	scōp	scōpon	scapen
swerian 'swear'	swereþ	swōr	swōron	sworen

Contracted:

slēan 'strike'	sliehþ	slōg	slōgon	slæġen

Class VII—'Fall' conjugation

68. This class is of a different type from the rest. The vowels of the infinitive are various. The preterite singular and plural have the same vowel, either *ēo* or *ē*, and the past participle has the same vowel as the infinitive.

(*a*) *ēo* in pret.

feallan 'fall'	fielþ	fēoll	fēollon	feallen
healdan 'hold'	hielt	hēold	hēoldon	healden
weaxan 'grow'	wiext	wēox	wēoxon	weaxen
cnāwan 'know'	cnǣwþ	cnēow	cnēowon	cnāwen
grōwan 'grow'	grēwþ	grēow	grēowon	grōwen

Infin.	*3 pres.*	*Pret. sing.*	*Pret. pl.*	*Past part.*
wēpan 'weep'	wēpþ	wēop	wēopon	wōpen

(*Wēpan* is a weak pres., with mutation, the original ō appearing in the past part.; but the inflexion is not affected.)

bēatan 'beat'	bīett	bēot	bēoton	bēaten
hēawan 'hew'	hīewþ	hēow	hēowon	hēawen
hlēapan 'leap'	hlīepþ	hlēop	hlēopon	hlēapen

Like *feallan* is *weallan* 'boil'.

Like *healdan* is *wealdan* 'rule'.

Like *cnāwan* are *blāwan* 'blow', *māwan* 'mow', *sāwan* 'sow'.

Like *grōwan* are *flōwan* 'flow', *rōwan* 'row', *spōwan* 'succeed'.

Gangan 'go' belongs to this class, but its preterite does not appear in prose.

(b) ē in pret.

hātan 'call'	hǣtt	hēt	hēton	hāten
(on)drǣdan 'fear'	-drǣtt	-drēd	-drēdon	-drǣden
lǣtan 'let'	lǣtt	lēt	lēton	lǣten
slǣpan 'sleep'	slǣpþ	slēp	slēpon	slǣpen

Contracted:

fōn 'seize'	fēhþ	fēng	fēngon	fangen
hōn 'hang'	hēhþ	hēng	hēngon	hangen

Weak

69. There are three classes of weak verbs: (1) infin. ending *-an* (*-ian* after *r*), pret. sing. -(e)*de*; (2) infin. *-ian*, pret. sing. *-ode*; (3) the group *habban* 'have', *libban* 'live', *secgan* 'say', *hycgan* 'think'.

Class I

70. Nearly all verbs of this class have a mutated vowel in the present. They are subdivided into:

(a) verbs with short vowel followed by doubled consonant or by *r*: *fremman* 'perform', *werian* 'defend'; pret. *-ede*, past part. *-ed*: *fremede*, *fremed*. The double consonant of the infinitive appears only in pres. indic. 1 sing. and pl., pres. subj., imper. pl., and pres. part.; and the *i* of verbs like *werian* is confined to these same parts.

(*b*) verbs with long vowel, or with short vowel followed by two consonants: *hīeran* 'hear', *sendan* 'send'; pret. *-de*, past part. *-(e)d*: *hīerde*, *hīered*. Some have double consonants, and can be distinguished from (*a*) only historically; they descend from forms with *original* double consonants, as may be seen by comparing related words, e.g. *fyllan* 'fill', *full* 'full'. Double consonants are simplified in pret. and past part.: *sende*, *send*; *fylde*. After *p*, *ss*, *t*, *-d* becomes *-t*: *dypte* from *dyppan*, 'dip', *mētte* from *mētan* 'meet'; and *-sst* becomes *-st*: *cyste* from *cyssan* 'kiss'. Similarly *-cde* becomes *-hte*: *tǣhte* from *tǣċan* 'teach'. The past part. is generally contracted: *send*, *mētt*, *tǣht*; but uncontracted forms are common in some verbs: *fylled*, *dypped*. When declined like adjectives past participles are contracted before endings beginning with a vowel: *hīered*, *hīeredne*, but *hīerde*.

The 2 and 3 sing. pres. indic. of (*b*), and often of (*a*)—but not *fremman* or the *-rian* verbs—are contracted as in strong verbs. Verbs with double consonant (including *cg*) simplify it in these forms, and also in imper. sing.: *sellan* 'give', *selst*, *selþ*; *sele*.

71.

	(*a*)		(*b*)
	fremman	*werian*	*hīeran*
		Present	
Indic. sing. 1.	frem-me	wer-i(ġ)e	hīer-e
2.	frem-est	wer-est	hīerst
3.	frem-eþ	wer-eþ	hīerþ
pl.	frem-maþ	wer-iaþ	hīer-aþ
Subj. sing.	frem-me	wer-i(ġ)e	hīer-e
pl.	frem-men	wer-ien	hīer-en

		(a)		(b)
		fremman	*werian*	*hīeran*
			Preterite	
Indic. sing.	1.	frem-ede	wer-ede	hīer-de
	2.	frem-edest	wer-edest	hīer-dest
	3.	frem-ede	wer-ede	hīer-de
pl.		frem-edon	wer-edon	hīer-don
Subj. sing.		frem-ede	wer-ede	hīer-de
pl.		frem-eden	wer-eden	hīer-den
Imper. sing.		frem-e	wer-e	hīer
pl.		frem-maþ	wer-iaþ	hīer-aþ
Infl. infin.		(tō) frem-menne	wer-ienne	hīer-enne
Part. pres.		frem-mende	wer-iende	hīer-ende
past		frem-ed	wer-ed	hīer-ed

Other verbs of this class are:

Infin.	*3 pres.*	*Pret. sing.*	*Past part.*
(a)			
trymman 'strengthen'	trymeþ	trymede	trymed
settan 'set'	sett	sette	sett
lecgan 'lay'	leġþ	leġde	leġd

Like *werian* are nearly all in *-ian* after *r*, e.g. *ferian* 'carry', *herian* 'praise', *nerian* 'save', *ġe·byrian* 'befit'. (*And-swarian* 'answer' follows § 73.)

(b)

(æt)īewan 'show'	-īewþ	-īewde	-īewed
(ā)līesan 'release'	-līest	-līesde	-līesed
byrġan 'bury'	byrġeþ	byr(i)ġde	byrġed
cȳpan 'make known'	cȳþþ	cȳþde, cȳdde	cȳþed, cȳdd
dēman 'judge'	dēmþ	dēmde	dēmed
fyllan 'fill'	fylþ	fylde	fylled
ġierwan 'prepare'	ġiereþ	ġierede	ġier(w)ed
(ġe-ān-)lǣċan 'unite'	-lǣcþ	-lǣhte	-lǣht
læċċan 'seize'	læcþ	lǣhte	lǣht
(ġe)līefan 'believe'	-līefþ	-līefde	-līefed

Infin.	3 pres.	Pret. sing.	Past part.
nemnan 'name'	nemneþ	nemde	nemned
rǣċan 'reach'	rǣcþ	rǣhte	rǣht
sendan 'send'	sent	sende	send
tǣċan 'teach'	tǣcþ	tǣhte	tǣht
wendan 'turn'	went	wende	wend

72. A number of verbs of this class which have -ċ(ċ), -cg, -g, or -ll at the end of the root syllable form irregular preterites. The root-vowel is mutated in the present but not in the preterite. Some vowels in the preterite are affected by the sound-change described in § 6 (3), and some by the loss before h of n which appears in the present.

reċċan 'tell'	recþ	reahte	reaht
cwellan 'kill'	cwelþ	cwealde	cweald
þenċan 'think'	þencþ	þōhte	þōht
bringan 'bring'	bringþ	brōhte	brōht
bycgan 'buy'	byġþ	bohte	boht
wyrċan 'make'	wyrcþ	worhte	worht
þynċan 'seem'	þyncþ	þūhte	þūht
reċċan 'care'	recþ	rōhte	rōht
sēċan 'seek'	sēcþ	sōhte	sōht

Like *reċċan* 'tell' are (*ā*)*streċċan* 'stretch', *weċċan* 'wake'.
Like *cwellan* are *sellan* 'give', *tellan* 'count'.

Class II

73. The infinitive always ends in -ian, and nearly all verbs with -ian infin. after consonants other than *r* belong here. The pret. ends in -ode, past part. -od. The characteristic vowel of 2 and 3 sing. pres. indic. is *a*, which appears also in imper. sing. So *lufian* 'love':

	Present	Preterite
Indic. sing. 1.	luf-i(ġ)e	luf-ode
2.	luf-ast	luf-odest
3.	luf-aþ	luf-ode

	Present	*Preterite*
Indic. pl.	luf-iaþ	luf-odon
Subj. sing.	luf-i(g)e	luf-ode
pl.	luf-ien	luf-oden

Imper. sing. luf-a, *pl.* luf-iaþ. *Infl. infin.* tō luf-ienne. *Part. pres.* luf-iende, *past* luf-od.

So also: *andswarian* 'answer', *āscian* 'ask', *blissian* 'rejoice', *clipian* 'call', *eardian* 'dwell', *endian* 'end', *fandian* 'try', *gadrian* 'gather', *herġian* 'ravage', *leornian* 'learn', *losian* 'be lost', *macian* 'make', *scēawian* 'look at', *timbrian* 'build', *weorþian* 'honour', *wunian* 'dwell', and many others. *Smēaġan* 'consider' is contracted in most forms; it has pret. *smēade*.

Class III

74. This class is practically limited to the four verbs *habban* 'have', *libban* 'live', *secgan* 'say', *hycgan* 'think'. The forms are partly like those of Class I, partly like Class II.

Pres. indic. sing.				
1.	hæbbe	libbe	secge	hycge
2.	hæfst	leofast	sæġst	hogast
3.	hæfþ	leofaþ	sæġþ	hogaþ
pl.	habbaþ	libbaþ	secgaþ	hycgaþ
subj. sing.	hæbbe	libbe	secge	hycge
Pret. sing.	hæfde	lifde, leofode	sæġde	hogde, hogode
Imper. sing.	hafa	leofa	sæġe	hyġe, hoga
pl.	habbaþ	libbaþ	secgaþ	hycgaþ
Part. pres.	hæbbende	libbende, lifiende	secgende	hycgende
past	hæfd	lifd, leofod	sæġd	hogod

Originally of this class is *fetian* 'fetch', pret. *fette*.

Preterite-present Verbs

75. These are a small group of common verbs, largely auxiliaries, which in the present have the form of a strong

preterite. (They are old strong preterites with modified mean-
ing.) They differ in inflexion from ordinary strong verbs in
2 sing., where the ending is -*t*, sometimes -*st*, not -*e*. Their
preterite tenses are new weak formations, conjugated like other
weak preterites. Few of these verbs are recorded in all forms.

76. *witan* 'know':

		Present	Preterite
Indic. sing.	1.	wāt	wisse, wiste
	2.	wāst	wissest, wistest
	3.	wāt	wisse, wiste
pl.		witon	wisson, wiston
Subj. sing.		wite	wisse, wiste

Imper. sing. wite, *pl.* witaþ. *Part. pres.* witende, *past* witen.

The contracted negative *nāt* has 2 *sing.* nāst, *pl.* nyton; *subj.*
nyte; *pret.* nysse, nyste.

77. The following are the most important of the others:

Infin.		āgan 'own'	cunnan 'know'	dugan 'avail'
Pres. sing.	1, 3.	āh	cann	dēah
	2.	āhst	canst	
pl.		āgon	cunnon	dugon
subj.		āge	cunne	dyge, duge
Pret.		āhte	cūþe	dohte
Past part.		āgen (*only as adj.*)	cūþ (*only as adj.*)	

Āgan has contracted neg. *nāh*, &c. Like *cunnan* is *unnan*
'grant'.

Infin.			(ġe)munan	magan
		'dare'	'remember'	**'be able'**
Pres. sing.	1, 3.	dearr	-man	mæġ- *have the power to*
	2.	dearst	-manst	meaht, miht
pl.		durron	-munon	magon
subj.		durre	-myne, -mune	mæġe
Pret.		dorste	-munde	meahte, mihte
Past part.			-munen	

		'may'	'be obliged'	'need'
Pres. sing.	1, 3.	mōt	sceal	þearf
	2.	mōst	scealt	þearft
pl.		mōton	sculon	þurfon
subj.		mōte	scyle, scule	þyrfe, þurfe
Pret.		mōste	scolde	þorfte

Anomalous Verbs

78. *wesan, bēon* 'be':

		Present		Preterite
Indic. sing.	1.	eom	bēo	wæs
	2.	eart	bist	wǣre
	3.	is	biþ	wæs
pl.		sind, sindon	bēoþ	wǣron
Subj. sing.		sīe	bēo	wǣre
pl.		sīen	bēon	wǣren

Imper. sing. wes, bēo; *pl.* wesaþ, bēoþ. *Part. pres.* wesende.
The contracted negative forms are: *neom, neart, nis; næs, nǣre, nǣron; nǣre, nǣren.*

79. *willan* 'will' and its neg. *nyllan* have some mixture of subj. forms in pres. indic. sing.:

Pres. indic. sing.	1.	wille	nylle
	2.	wilt	nylt
	3.	wil(l)e	nyl(l)e
pl.		willaþ	nyllaþ
subj. sing.		wil(l)e	nyl(l)e
pl.		willen	nyllen
Pret. sing.		wolde	nolde

80. *dōn* 'do', *gān* 'go':

Pres. indic. sing.	1.	dō	gā
	2.	dēst	gǣst
	3.	dēþ	gǣþ
pl.		dōþ	gāþ

Pres. subj. sing.	dō	gā
pl.	dōn	gān
Pret. sing.	dyde	ēode
Imper. sing.	dō	gā
pl.	dōþ	gāþ
Part. pres.	dōnde	(gangende)
past	ġe·dōn	ġe·gān (gangen)

The participles *gangende, gangen* belong to *gangan*, a strong
verb of Class VII, the preterite of which is not used in prose.

WORD FORMATION

Prefixes

81. Some prefixes are only particular applications of pre-
positions or adverbs, and modify in a simple and direct way
the meanings of the words with which they are combined.
Thus *fore* 'before' combines with *scēawian* 'look at' to form
fore·scēawian 'foresee'; *tō* 'to' with *cyme* 'coming' to form *tō-
cyme* 'arrival, advent'. But others exist only as prefixes. The
most important of these are included in the following list.

ā- (1) originally 'forth, away', as in *ā·rīsan* 'rise up', *ā·faran*
'go away'; but generally reduced to an intensive, as *ā·cwellan*
'kill', *ā·hrēosan* 'fall'.

(2) 'ever', gives an indefinite sense to pronouns and adverbs
such as *ā-wiht* 'anything', *ā-hwǣr* 'anywhere'.

ǣġ-, from *ā-ġe* (with mutation of the *ā* by earlier *-gi*) gives
a similar indefinite sense: *ǣġ-hwelċ* 'each', *ǣġþer* = *ǣġ-hwæþer*
'either'.

be-, originally 'about', the same as the preposition, (1) re-
tains this sense in a few words, e.g. *be·settan* 'surround', and
has a related local implication in *be·foran* 'before', &c.; (2)
makes an intransitive verb transitive, as *be·þenċan* 'consider'
from *þenċan* 'think'; (3) gives a privative sense, as *be·hēafdian*
'behead'. In many words it is simply intensive, as *be·lūcan*
'lock', and in some almost meaningless, as *be·cuman* 'come'.

It has a stressed form *bī*, used in nouns such as *bī-geng* 'worship'.

for- in a few words is identical with the preposition *for* 'before', as *for·standan* 'defend'. But in most cases it is of completely different origin, and most commonly gives the sense of loss or destruction, as *for·dōn* 'destroy', *for·weorþan* 'perish'. If the verb with which it is compounded already has some such meaning, it acts merely as an intensive, as *for·dīlgian* 'destroy'. It often modifies in a bad sense generally, as *for·sēon* 'despise', or implies prohibition, as *for·bēodan* 'forbid'.

ġe- originally meant 'together', as in *ġe·fēra* 'fellow-traveller, companion' from *fēran* 'travel', or *ġe·sweostor* 'sisters'. With verbs its most distinctive function is to signify the attainment of a result by means of the action denoted by the verb: *ġe·gān* 'conquer' ('get by going') from *gān* 'go'; *ġe·winnan* 'win' ('get by fighting') from *winnan* 'fight'. It also signifies the completion of an action, or the performance of a particular single act as distinguished from the general sense of the uncompounded verb; so that *ġe·hīeran* and *ġe·sēon* mean strictly 'succeed in hearing, seeing'. But, since these verbs very commonly express particular actions, the compounded forms are much used, and come to be extended far beyond their real function. In many verbs the distinction has been altogether lost, so that, e.g., *bindan* and *ġe·bindan* are used indifferently. The prefix is generally used in past participles, where it originally gave the sense of completion. It also appears in some nouns denoting the result of an action: *ġe·weorc* '(military) work', *ġe·writ* 'letter'. Sometimes it gives a causative sense to a verb, as *ġe·ān-lǣċan* 'unite'; sometimes modifies the sense in a particular way, as *ġe·faran* 'die' from *faran* 'go'. With pronouns and adverbs it gives an inclusive sense: *ġe·hwā* 'everyone' from *hwā* 'anyone', *ġe·hwǣr* 'everywhere', &c.; and cf. *ǣġ-* above.

on- as a verbal prefix has three distinct origins and functions: (1) identical with the preposition, as in *on·ġinnan* 'begin' (with corresponding noun *an-ġinn*); (2) originally implying

'against', 'in return', as in *on·ġietan* 'perceive' (with correspond-
ing noun *and-ġiet*); (3) giving the sense of undoing, as *on·lūcan*
'unlock', beside which *un·lūcan* also occurs.

or-, originally 'out', is privative, as *or-sorg* 'unconcerned'
from *sorg* 'sorrow', *or-mǣte* 'measureless' from the root of
metan 'measure'.

tō- in a few words is identical with the preposition, as
tō·gædre 'together'. But as a verbal prefix it is almost always
quite distinct, and signifies separation or division, as *tō·berstan*
'burst asunder', *tō·teran* 'tear to pieces'; and so often implies
destruction, as *tō·weorpan* 'overthrow'.

un- negatives, as *un-ġe·sǣliġ* 'unhappy', *un-mihtiġ* 'weak'.
It is sometimes prefixed to nouns, as *un-rīm* 'a countless num-
ber'; and in a few nouns it has a pejorative, not a negative,
sense: *un-wrītere* 'bad writer, careless scribe'.

82.   ENDINGS

Nouns

Personal

-end, from the pres. part. *-ende*, = '-er': *ā·līesend* 're-
deemer', *būend* 'dweller', *ċīepend* 'seller', *hǣlend* 'healer,
Saviour'.

-ere, = '-er': *rīpere* 'reaper', *wrītere* 'writer'; *mynetere*
'money-changer, minter' from *mynet* 'coin'.

-ing, patronymic: *æþeling* 'son of a noble, prince', *Ecgbryht-
ing* 'son of Ecgbryht'; also 'belonging or pertaining to', as *wīċing*
'pirate' from *wīċ* 'camp'.

All these are of masculine gender.

Abstract

-nes, from adjectives and participles: *rihtwīsnes* 'righteous-
ness', *welwillendnes* 'benevolence', *ġe·reċednes* 'narrative'.

-þu (-oþ), generally from adjectives: *strengþu* 'strength'
from *strang*; *ġeogoþ* 'youth' from the root of *ġeong*.

-ung, less often **-ing**, from verbs: *hergung* 'ravaging' from *herġian*; *sweotolung* 'sign' from *sweotolian* 'show'; *trymming* 'strengthening' from *trymman*.

All the above are feminine. The following exist also as independent words:

-dōm, masc.: *wīs-dōm* 'wisdom', *þēow-dōm* 'service'.

-hād, masc.: *ċild-hād* 'childhood'.

-rǣden, fem.: *ġe·cwid-rǣden* 'agreement', *hierd-rǣden* 'guardianship', *mann-rǣden* 'allegiance'.

-scipe, masc.: *frēond-scipe* 'friendship'; concrete in *wæter-scipe* 'piece of water, water'.

Adjectives

-en, with mutation of the root-vowel, implies 'made of, belonging to': *gylden* 'golden', *stǣnen* 'of stone', *hǣþen* 'heathen' from *hǣþ* 'heath'. In *seolcen* 'silk' there is no mutation.

-iġ: *mihtiġ* 'mighty', *hāliġ* 'holy' from *hāl* 'whole'.

-isc, with mutation: *Englisc* 'English' from *Angel*, *mennisc* 'human' from *mann*.

-sum: *hīersum* 'obedient', *ġe·dwolsum* 'misleading'.

The following exist also as independent words:

-fæst: *siġe-fæst* 'victorious'.

-full: *ġe·lēaf-full* 'pious', *weorþ-full* 'honourable'.

-lēas = '-less': *ār-lēas* 'dishonoured, impious'.

-liċ (in origin the same word as *līċ* 'body, form'; cf. also *ġe·līċ* 'like'): *folc-liċ* 'popular', *heofon-liċ* 'heavenly'; often combined with participles: *unārīmed-liċ* 'innumerable'.

-weard = '-ward': *ufe-weard* 'upward, upper'; often meaning 'a (specified) part of': *ealle Cent ēastewearde* 'the whole of east Kent' (acc.).

Adverbs

-e is the regular adverb termination: *lange* 'long', *ġe·līċe* 'similarly' from *lang*, *ġe·līċ*. From the frequent combination of

this ending with the adjectival -*lič*, the suffix -*līče* is often used
to form adverbs: *blīþe-līče* 'gladly' from *blīþe*.

-**unga** (-**inga**) appears in a few words: *eallunga* 'entirely'.

-**mǣlum**, originally dat. pl. of *mǣl* 'measure', gives the
sense 'taken in (specified) quantities at a time': *scēaf-mǣlum*
'sheaf by sheaf' so 'in bundles'; *styčče-mǣlum* 'piecemeal' from
styčče 'piece'.

Verbs

-**lǣčan** generally forms verbs denoting action of various
kinds from nouns or adjectives: *ġe·ān-lǣčan* 'unite', *ġe·efen-*
lǣčan 'match', *ġe·þwǣr-lǣčan* 'consent' from *ġe·þwǣre* 'agree-
ing'.

SYNTAX

CONCORD

Adjectives and participles

83. Adjectives agree with their nouns in gender, number,
and case, not only when used attributively (as *gōde menn* 'good
men'), but also when the adjective follows the noun, either
predicatively or in apposition: *þā menn sind gōde* 'the men are
good'; *hē ġe·seah ōþre īdle standan* 'he saw others standing idle';
hīe of·slōgon ānne ġeongne Brettiscne mannan, swīþe æþelne 'they
killed a young Briton, of very noble birth'; *ne ā·būhþ nǣfre*
Ēadmund Hinguare, hǣþnum heretogan 'Edmund will never
submit to Hinguar, the heathen general'.

But when a name together with the past participle *ġe·hāten*
is put in apposition to another noun, both name and participle
are left undeclined: *intō ānre byriġ, Gaza ġe·hāten* 'into a city
called Gaza'.

Other participles in predicative use are occasionally left un-
inflected, or in the nominative, instead of agreeing with nouns
they qualify: *Abrahām ġe·seah ānne ramm . . . be þǣm hornum*
ġe·hæft 'Abraham saw a ram caught by the horns'; *ġif ič bēo*

ġe·bunden mid seofon rāpum, of sinum ġe·worhte 'if I am bound with seven ropes made of sinews'.

When both men and women are referred to by the same adjective, it is sometimes put in the neuter: *hīe ġe·samnodon hīe, ealle þā hēafodmenn, and ēac swelċe wīfmenn . . . and þā hīe blīþost wǣron . . .* 'they assembled, all the chief men, and also women . . . and when they were most merry . . .'. Here *blīþost* is neut. pl., though both *hēafodmenn* and *wīfmenn* are grammatically masculine. But the passage continues: *þā bǣdon hīe sume . . .* 'then some of them asked . . .', where *sume* is masculine.

Pronouns

84. Pronouns normally have the gender of the word to which they refer: *iċ bidde, ġif hwā þās bōc ā·wrītan wile, þæt hē hīe ġe·rihte wel* 'I beg, if anyone wishes to copy this book, that he correct it well', where *hīe* is feminine agreeing with *bōc*. Sometimes, however, a masculine or feminine noun denoting an inanimate object is referred to by a neuter pronoun: *þā þā sēo bōc cōm tō ūs, . . . þā ā·wendon wē hit on Englisc* 'when the book came to us, then we translated it into English', where *hit* refers to the grammatically fem. *bōc*.

A demonstrative *þæt* or *þis* is often connected with a plural predicate by the verb 'to be'. The verb is put in the plural: *þæt wǣron þā ǣrestan scipu . . .* 'those were the first ships'.

The neut. *hwæt* is used interrogatively of persons, even when plural, with the sense 'what manner of': *hē nyste hwæt hīe wǣron* 'he did not know what sort of men they were'.

Cases

For the use of cases with prepositions see § 96.

Accusative

85. The accusative is primarily the case of the direct object. It is also used with some impersonal verbs, e.g. *ġe·weorþan*: *swā swā hine selfne ġe·wierþ* 'as he himself pleases'.

It is often used adverbially, especially to express duration of time: *hwȳ stande ġē hēr ealne dæġ īdle?* 'Why do you stand here all day idle?'; and extent of space: *twā hund mīla brād* 'two hundred miles wide' (*twā hund* is acc., *mīla* partitive gen.). In *hām* 'home(wards)' it expresses motion towards.

Genitive

86. The genitive usually expresses relations between nouns. The most frequent and important is possession; but it may also define: *on seofon nihta fæce* 'in the space of a week'; *on Agustes mōnþe* 'in the month of August'; or describe: *on þǣm ġēare þe Ælfred æþeling ān and twentiġ ġēara wæs* 'in the year in which Prince Alfred was twenty-one'; *þā betstan meregrotan ǣlċes hīwes* 'the finest pearls of every colour'.

It is very common in a partitive sense: *hiera fīf* 'five of them'. It is generally used with *fela*, as *fela wundra* 'many miracles', and with numerals when used as nouns, as *fiftiġ wintra* 'fifty years' (§ 40). (But *sum* often agrees with a plural pronoun: *hīe sume* 'some of them'.)

An 'objective' genitive is more frequent than in Mn.E.: *mīn eġe* 'fear of me'; *on his wiþ·metennesse* 'in comparison with him'.

With verbs, the genitive is often used to denote the object of various emotions and mental states, such as joy, desire, gratitude, concern: *and hīe þæs fæġnodon* 'and they rejoiced at that'; *þæs iċ ġe·wilniġe* 'that I desire'; *þanciende þǣm Ælmihtigan ealra his wundra* 'thanking the Almighty for all his wonders'; *ġif hē rōhte his fēores* 'if he cared about his life'. So also with verbs of using, partaking of: *wiþ þǣm þe mīn folc mōste hiera eardes brūcan* 'provided that my people might enjoy (possess) their country'; *hē ne dorste þæs hēafdes on·biergan* 'he dared not taste the head'.

Adjectives denoting such feelings also take a genitive complement: *and hīe þæs ġe·fæġene wǣron* 'and they were glad of that'; *ġe·myndiġ þǣre sōþan lāre* 'mindful of the true doctrine'. So also do some other adjectives, e.g. *wierþe sleġes* 'deserving of death'.

Some verbs, such as *biddan* 'ask', take an accusative of person and genitive of thing: *iċ bidde þē þæt þū mē þæs nā leng ne bidde* 'I beg you not to ask this of me any longer'.

A different kind of relation, 'ablative' in type, is expressed by the genitive with verbs of depriving, denying, and the like. The object withheld is put in the genitive: *nis Angelcynn be·dǣled Dryhtnes hālgena* 'England is not deprived of the Lord's saints'. Some such verbs take a dative of person: *him wæs of·togen ǣlċes fōdan* 'they were deprived of all food'.

The genitive is sometimes used adverbially: *dæġes* 'by day', *ealles* 'altogether', *þæs* 'therefore', 'after that'.

Dative

87. The dative in O.E. has two broad divisions of function: (1) the dative proper, (2) the instrumental dative, interchanging with the formal instrumental where that exists.

(1) The dative proper usually designates personal relations or interest. Its characteristic use is with verbs, to express the indirect object, often accompanied by an accusative of the direct object: *hē sealde ǣlcum ānne pening* 'he gave each a penny'. It is used also with verbs of addressing and the like: *iċ ēow secge* 'I say to you'; *hē þancode his Dryhtne* 'he thanked his Lord'; (but *cweþan* usually has *tō*: *þā cwæþ his hlāford tō him* 'then his master said to him'). So also with many verbs denoting benefit, advantage, disadvantage, influence, &c.: *Hēr bæd Burgred Æþelwulf cyning þæt hē him ġe·fultumode* 'In this year Burgred asked King Ethelwulf to help him'; *þǣm rēþum stierde* 'restrained the cruel ones'; *þæt him biþ æt·brogden* 'that shall be taken away from him'; and with less specific verbs with similar implication: *ne dō iċ þē nānne tēonan* 'I do you no injury'; *bycgaþ ēow ele* 'buy yourselves oil'; *hīe worhton āne ċiriċan weorþlīċe þǣm hālgan* 'they built a church to the saint in splendid fashion'.

Some impersonal verbs are accompanied by a dative of the person affected: *nū þyncþ mē* 'now it seems to me'; *swā swā him siþþan ā·ēode* 'as it afterwards happened to him'.

The dative is virtually possessive in many phrases: *hīe slōgon him of þæt hēafod* 'they struck off his head'; *and hē þone witegan him tō handum ā·scēaf* 'and he thrust the prophet into their hands'. To this is related a frequent idiomatic construction in which a dative noun or pronoun denoting the person concerned is followed by a prepositional phrase with *tō* indicating purpose, intended function, &c.: *hīe ġe·sōhton Bretene Brettum tō fultume* 'they came to Britain as a help to (to help) the Britons'; *Gode tō lāce* 'as a sacrifice to God'; *mannum tō sweotolunge* 'as a sign to men'; *þǣm sancte tō weorþmynde* 'in honour of the saint'.

With some verbs, especially of motion, a reflexive dative pronoun is used pleonastically: *Abrahām fērde him hām* 'Abraham went home'.

The dative is also used with adjectives of nearness, likeness, &c.: *Ēadmund clipode ānne biscop þe him ġe·hendost wæs* 'Edmund summoned a bishop who was most intimate with him'; *sē biþ ġe·līċ þǣm dysigan menn* 'he is like the foolish man'.

(2) The instrumental dative denotes the instrument or the manner of an action: *hē ġe·endode yflum dēaþe* 'he died (by) an evil death'; *hiera willum* 'of their own accord'. Hence its use to form adverbs, as *scēafmǣlum* 'in sheaves'.

It also signifies time when (which may also be expressed by the instrumental itself): *þrim ġēarum ǣr hē forþ·fērde* 'three years before he died'.

A combination of past participle and noun in the dative is sometimes used in imitation of the Latin ablative absolute: *ġe·wordenre ġe·cwidrǣdenne* 'an agreement having been made'; *ġe·wunnenum siġe* 'victory having been won'.

Instrumental

88. The instrumental denotes means or manner: *Gāius se cāsere, ōþre naman Iūlius* 'the emperor Gaius, (called) Julius by another name'. It is used to form adverbs, as *micle* 'much, by far', *þy* 'therefore'.

It often expresses time when: *ǣlċe ġēare* 'every year'; *þȳ ilcan dæġe* 'on the same day'.

ADJECTIVES

89. The weak forms are used in defining or demonstrative situations, in particular:

(1) after the definite article: *se æþela cyning* 'the noble king'; *þone hālgan līchaman* 'the holy body'; *þæt hālġe hēafod* 'the holy head'; *þǣm ġe·swenċtan folce* 'to the harassed people'.

(2) after *þes, þis, þēos*: *þes hālga cyning* 'this holy king'; *þās earman landlēode* 'these poor people' (pl.); *þēos nīwe lār* 'this new doctrine'.

(3) often, but not always, after possessive adjectives and the genitive of pronouns: *þīne dīeglan goldhordas* 'your hidden treasures'; *mīne clǣnan handa* 'my clean hands'; *þurh his mǣran hālgan* 'through his glorious saints'. But *mid mīnum āgnum mæġne* 'by my own power'.

(4) usually, but not invariably, in vocative phrases: *þū yfla þēow and slāwa!* 'thou bad and slothful servant!'; *ēalā þū lēofa cyning!* 'oh, beloved king!' But *iċ bidde þē, lēof ealdormann . . .* 'I beg you, dear ealdormann . . .'.

(5) in the comparative of adjectives, and ordinal numbers: *se hālga is mǣrra* 'the saint is more glorious'; *nigontēoþe healf ġēar* 'eighteen and a half years'.

But *ōþer* always keeps the strong form: *þā ōþru dēor* 'the other wild beasts'. So also do the possessive adjectives: *þās mīn word* 'these words of mine'.

ARTICLES

90. The definite article is omitted as in Mn.E. before names such as *God*; also before *Dryhten* 'the Lord', *dēofol* 'the Devil' —though *se dēofol* also occurs; and before names of nations: *Bretta cyning* 'king of the Britons', and of rivers: *ofer Temese* 'over the Thames'.

It is omitted in many prepositional phrases, some in which Mn.E. also omits it, as *sigefæst on sǣ and on lande* 'victorious on land and sea', but also many others. These are mostly set expressions, as in *hē fēng tō rīċe* 'he came to the throne'; *hīe siġe nāmon* 'they won the victory'; *se flothere fērde eft tō scipe* 'the army of pirates went back to their ships'; but sometimes the reference is more precise, as *se wulf . . . ġe·wende eft siþþan tō wuda on·ġēan* 'the wolf afterwards went back again to the wood'.

On the other hand, the definite article is sometimes used where it would not be now: *sēo dēah ġe·hwæþer ġe þæs mannes sāwle ġe his līchaman* 'it is good both for man's soul and for his body'.

When a noun in the genitive, with the definite article, precedes another noun on which it depends, and which would also have an article if it stood alone, only the article in the genitive is used : *æt þæs hālgan byrġenne* 'at the saint's tomb'; contrast *tō þǣm hālgan bodiġe* 'to the holy body'.

An indefinite article is used much less than in Mn.E.: *þæt dyde unhold mann* 'an enemy did that'; *hē be·stealcode on land swā swā wulf* 'he stole to land like a wolf'. Sometimes it is expressed by *ān*: *ān wulf wearþ ā·send* 'a wolf had been sent'; this is used especially in introducing particular persons or things: *ān mann wæs eardiende on Israhēla þēode, Manuḗ ġe·hāten* 'a (certain) man lived in Israel called Manue'. *Sum* is often used thus: *on þǣm lande wæs sum mann, Lēofstān ġe·hāten* 'there was a man in that country called Leofstan'.

VERBS

Number

91. With nouns of multitude the verb is usually singular when it is near the noun, but often plural when separated from it, especially in co-ordinate clauses: *se flothere fērde eft tō scipe, and be·hȳddon þæt hēafod* 'the army of pirates went back to their ships, and hid the head'.

When a verb precedes a compound subject, it is often put in the singular, agreeing only with the nearest noun: *Hēr bæd Burgred, Miercna cyning, and his witan Æþelwulf cyning . . .* 'In this year Burgred, king of Mercia, and his councillors asked King Ethelwulf . . .'.

After *ǣlċ þāra þe* 'each of those who' the verb is put in the singular, agreeing with the number not of *þāra* but of *ǣlċ*; *ǣlċ þāra þe þās mīn word ġe·hīerþ* 'everyone who hears these words of mine'.

Tenses

92. There are no distinct future forms in O.E. The present tense is used to express future time: *ne ā·būhþ nǣfre Ēadmund Hinguare* 'Edmund will never submit to Hinguar'; *gā ġē on mīnne wīnġeard, and iċ selle ēow þæt riht biþ* 'go into my vineyard, and I will give you what is right'. As this latter example shows, in the verb 'to be' the forms of *bēon* (rather than *eom*, *is*, &c.) tend to be used if a future sense is implied. Other examples are: *ġif iċ bēo ġe·bunden mid seofon rāpum, sōna iċ bēo ġe·wield* 'if I am bound with seven ropes, I shall at once be overcome'; *swā bēoþ þā fyrmestan ȳtemeste* 'so the first shall be last'. These forms are also used to express what generally happens ('gnomically'): *ǣlċ mann þe wīsdōm lufaþ biþ ġe·sǣliġ* 'every man who loves wisdom is happy'.

The future is, however, sometimes expressed by *will* and *shall*, almost as in Mn.E., though generally with a sense of volition with the one, and of necessity or obligation with the other: *iċ wille þissum ȳtemestan sellan eall swā miċel swā þē* 'I mean to give to this last just as much as I give to you'. Simple futurity appears most clearly in the preterites *wolde* and *scolde* in indirect speech: *hīe wēndon þæt hīe scolden māre on·fōn* 'they expected to receive more' (translating *essent accepturi*).

The preterite has the meaning of the modern

(1) past continuous and past: *þā þā menn slēpon, þā cōm his fēonda sum* 'while men were sleeping, one of his enemies came'.

(2) perfect: *þās ȳtemestan worhton āne tīd, and þū dydest hīe ġe·līċe ūs, þe bǣron byrþenna on þisses dæges hǣtan* 'these last have worked one hour, and you have made them equal to us, who have borne burdens in the heat of this day'.

(3) pluperfect: *þā þā ġe·cōmon þe ymbe þā endleoftan tīd cōmon* 'when those came up who had come at the eleventh hour'.

Periphrastic tenses are sometimes formed, as in Mn.E., by *hæbbe* and *hæfde* with past participles, and often have the meanings of the modern perfect and pluperfect respectively, as in *nū iċ hæbbe ġe·strīened ōþru twā* 'now I have gained another two'; but even the form with *hæfde* sometimes has the sense of a simple past. The past participle in such combinations is left uninflected in the later language; but earlier it was put in the accusative, because regarded not as part of the verb form but as an adjective agreeing with the noun or pronoun object of *habban*. Both constructions may appear in the same text: *hīe hæfdon hiera cyning ā·worpenne* 'they had deposed their king'; but *and hine hæfde ǣr Offa and Beorhtrīċ ā·flīemed* 'and Offa and Beorhtric had driven him into exile'.

As in the last example, the pluperfect sense is often emphasized by the addition of the adverb *ǣr* 'before'. This is also often used with a simple preterite with the same force: *his swēora, þe ǣr wæs for·slæġen* 'his neck, which had been cut through'.

Periphrastic tenses of intransitive verbs are formed with *wesan* instead of *habban*: *þā hit wæs ǣfen ġe·worden* 'when it had become evening'; *siþþan hīe ā·farene wǣron* 'after they had gone away'. Here the participle agrees with the noun or pronoun with which it is connected.

Habitual action in the past is sometimes expressed by *wolde*: *sēo wolde efsian ǣlċe ġēare þone sanct* 'she used to cut the saint's hair every year'.

Periphrastic tenses formed with *wesan* and the present participle occur frequently, especially translating Latin participial constructions. They do not correspond in sense, except accidentally, to modern 'continuous' tenses. Sometimes they mean no more than a simple tense: *þā wæs se cyning openlīċe andettende þæt hē wolde fæstlīċe þǣm dēofolġieldum wiþ·sacan* 'then the king publicly acknowledged that he would resolutely renounce the idols'. Sometimes they imply duration of an action: *and þǣr wæs twelf mōnaþ wuniende* 'and stayed there for twelve months'.

Passive

93. Except for the form *hātte* (§ 53), the passive is formed periphrastically with *wesan* or *weorþan* and the past participle. These forms are very vague in meaning, and the distinction between the two auxiliaries is not clearly marked. Generally *wesan* appears to indicate a state, *weorþan* an action: *nū is sēo bōc swīþe nearolīce ġe·sett* 'now the book is composed in very summary fashion'; *oþ þæt hē eall wæs be·sett mid hiera scotungum* 'until he was covered all over with their missiles'; *hīe wurdon þā ġe·brōhte tō þǣm biscope* 'they were then brought to the bishop'. But *his swēora wæs ġe·hālod, þe ǣr wæs for·slæġen, and wæs swelċe ān seolcen þrǣd ymbe his swēoran rēad, mannum tō sweotolunge hū hē of·slæġen wæs* 'his neck, which had been cut through, was healed, and it was as if there were a silken thread, red, round his neck, to show men how he had been slain'.

Subjunctive

94. The subjunctive states something not as a fact, as the indicative does, but merely as an object of thought. Hence it is used to express wish, condition, doubt, and the like.

A. In principal sentences
Wish:

þæs him sīe wuldor ā būtan ende 'therefore glory be to Him ever without end'; *God þē sīe milde* 'God be merciful to you'. Command (usually third person, where it is equivalent to imperative):

ne hē ealu ne drince oþþe wīn 'nor shall he drink ale or wine'.

B. In dependent clauses
(1) In indirect narrative:

iċ him sæġde þæt hē for·ealdod wǣre 'I told him that he was very aged'; and especially in indirect question: *iċ āsciġe hwǣr sēo offrung sīe* 'I ask where the offering is'; *menn woldon scēawian hū hē lǣġe* 'men wished to see how he lay'. But when the reported statement contains an objective fact, certain in itself and not given merely on the authority of the speaker, it is put in the indicative: *hē hiere sæġde on hwǣm his strengþu wæs* 'he told her what his strength consisted in'; *hē sæġde þǣm ārlēasan hū him ġe·andwyrd wæs* 'he told the impious man how he had been answered'.

(2) After verbs of desiring and commanding:

þæs iċ ġe·wilniġe and ġe·wȳsce mid mōde, þæt iċ āna ne be·līfe 'this I desire and wish in my heart, that I may not remain alone'; *hīe hēton his lēode þæt hīe hine ā·ġēafen tō hiera anwealde* 'they commanded his people to surrender him into their power'.

(3) After impersonal verbs denoting 'it is right' and the like:

ġeongum mannum ġe·dafenaþ þæt hīe leornien sumne wīsdōm 'it behoves young men to acquire some learning'.

(4) To express purpose:

hīe be·hȳddon þæt hēafod, þæt hit be·byrġed ne wurde 'they hid the head, so that it should not be buried'; *þȳ·lǣs ġē þone hwǣte ā·wyrtwalien* 'lest you root up the wheat'.

(5) To express potentiality, especially in clauses dependent on a negative sentence or antecedent:

þū næfst þā miht þæt þū mæġe him wiþ·standan 'you have not the strength to be able to resist him'; *nis nān þing þe his mihte wiþ·stande* 'there is nothing to resist his power'.

(6) To express hypothetical comparison ('as if'):

swelċe hē tam wǣre 'as if he were tame'.

(7) In concessive clauses:

God hielt Ēadmunde hālne his līchaman, þēah þe hē of moldan cōme 'God keeps Edmund's body whole, though he came from the earth' (i.e. had been buried).

(8) In clauses of hypothetical condition (usually introduced by
ġif or *būtan*):

ġif mannes hēafod tō·brocen sīe 'if a man's head is broken';
*þās flotmenn þē cwicne ġe·bindaþ, būtan þū mid flēame þīnum
fēore ġe·beorge* 'these pirates will bind you alive, unless you
save your life by flight'. So also with *wiþ þǣm þe* 'on condition
that, provided that': *hīe be·hēton hiere sceattas wiþ þǣm þe hēo
be·swice Samson* 'they promised her money in consideration of
her betraying Samson'.

When the condition is assumed to be unreal, instead of
merely hypothetical as in the above examples, both clauses
have their verbs in the subjunctive; and the preterite tense is
used with reference to present time, as in Mn.E. also, where
if I were implies *I am not*. (The modern distinction between
if I were and *if I had been* is not made in O.E., which uses
ġif iċ wǣre in both situations.) So *mē lēofre wǣre þæt iċ on
ġe·feohte fēolle, wiþ þǣm þe mīn folc mōste hiera eardes brūcan*
'I would rather fall in fight, provided that my people might
possess their country'; cf. *iċ wolde swīþor sweltan, ġif iċ þorfte*
'I would rather die (= should wish rather to die) if I had to'.

A condition may also be expressed without conjunction by
a verb in the subjunctive placed before its subject: *iċ nylle
ā·būgan fram his bīgengum ǣfre, swelte iċ, libbe iċ* 'I will not
swerve from his worship ever, whether I die or live'.

Conditions regarded as possible, or 'open', have the indica-
tive: *ġif þū eart tō hēafodmenn ġe·sett* 'if you are set in a position
of authority'.

(9) After some conjunctions originally implying anticipation
or intended result:

*hine hæfde ǣr Offa and Beorhtrīċ ā·flīemed ǣr hē cyning
wǣre* 'Offa and Beorhtric had driven him into exile before he
was king' (strictly 'before he should be king'; but *ǣr* comes
to be used with the subjunctive even when the sense of antici-
pation is virtually absent); *þīn rīċe ġe·wītt fram þē, oþ þæt þū
wite þæt God ġe·wielt manna rīċu* 'your kingdom shall depart

from you, until you know that God has power over the king-
doms of men' (archaically, 'shall know').

In place of the preterite subjunctive *scolde* with infinitive
is often used, as *should* in Mn.E., and *wolde* sometimes. *Scolde*
occurs after verbs of desiring, requesting, and commanding:
þū bǣde mē þæt ić scolde þē ā·wendan þā bōc 'you asked me to
translate the book for you'; *biddende þone Ælmihtigan þæt hē
him ārian scolde* 'praying the Almighty to have mercy on him';
*ić be·bēad þæt sē mann sē ne wǣre mid his wǣpnum æfter fierd-
wīsan ġe·ġiered þæt hine man scolde ā·cwellan* 'I gave orders that
if any man was not armed in campaign order he should be
killed'. (In the relative clause here, *wǣre* is subjunctive in the
indirect command; but it would in any case be subjunctive
as virtually conditional.) In the following the command is
contained in the noun *ǣrende*: *hē sende bēotlić ǣrende, þæt hē
ā·būgan scolde tō his mannrǣdenne* 'he sent a threatening mes-
sage, that he was to submit to his allegiance'.

Similar use of *scyle* in the present is rarer: *hit ne ġe·byreþ
þǣm þe bēoþ ġe·corene Gode tō þeġnienne þæt hīe ġe·þwǣrlǣćan
scylen on ǣnġes mannes dēaþe* 'it is not fitting for those who
are chosen to serve God that they should consent to the death
of any man'.

Infinitive

95. After verbs of command the active infinitive is used
where Mn.E. would require a passive: *hīe hēton him sendan
māran fultum* 'they ordered greater forces to be sent to them'.
So also after verbs of hearing and the like (still used in *hear
tell*): *þæt mǣste wæl þe wē secgan hīerdon* 'the greatest slaughter
that we have heard tell of'; *ġif sum dysiġ mann þās bōc rǣtt
oþþe rǣdan ġe·hīerþ* 'if some foolish man reads this book or
hears it read'. In such constructions an indefinite object is
implied: 'ordered (them, people) to send', &c.

The inflected infinitive preceded by *tō* is used

(1) to express purpose: *ān wulf wearþ ā·send tō be·werienne þæt
hēafod* 'a wolf had been sent to guard the head';

(2) to complement the sense of some verbs, e.g. 'begin', 'cease', 'forbid', 'teach': *hē be·gann þā tō winnenne wiþ þā Philistēos* 'he began then to fight against the Philistines'; *Crīst and his apostolas ūs tǣhton ǣ*ġ*þer tō healdenne* 'Christ and his apostles taught us to observe both'. Such verbs may also be followed by the plain infinitive: *Peohtas on·gunnon eardian þā norþdǣlas þisses īeġlandes* 'the Picts began to inhabit the northern parts of this island';

(3) to define or determine the reference of an adjective: *þā þūhte mē hefiġtīeme þē tō tīþienne þæs* 'then it seemed to me burdensome to grant you that'; *þæt weorc is swīþe plēoliċ mē oþþe ǣngum menn tō underbe·ginnenne* 'that task is very hazardous for me or any man to undertake';

(4) to express necessity or fitness: *is ēac tō witenne* 'it must also be known'.

The infinitive of verbs of motion is often omitted after auxiliary verbs: *þǣr þǣr hīe tō scoldon* 'where they had to go'.

PREPOSITIONS

96. Some prepositions govern the accusative, e.g. *oþ* 'until', *þurh* 'through', *ymbe* 'about'; some the dative (often the instrumental also), e.g. *æfter* 'after', *ǣr* 'before', *æt* 'at', *be* 'about, by', *binnan* 'within', *būtan* 'without, except', *for* 'for', *fram* 'from, by', *mid* 'with', *of* 'from', *tō* 'to'.

Some govern both accusative and dative, e.g. *ofer* 'over', *on* 'on, in', *under* 'under'. In general, when motion is implied they take the accusative, when rest is implied, the dative. Thus *on* with accusative means 'into', with dat. 'in'. But the distinction is not strictly maintained; the accusative sometimes occurs where there is no motion, as *on ġe·hwæþere hand* 'on both sides', the dative where there is, as *ymb twā ġēar þæs þe hē on Francum cōm* 'about two years after he went to France'. Usually, however, when the usage appears irregular it is explicable by a different attitude to the action: in *sē his hūs ofer stān ġe·timbrode* 'who built his house on a rock', the acc. *stān* may be accounted for by considering the process of building rather than the completed state. But to express point of time, *on* is used indifferently with accusative and dative: *Abrahām þā ā·rās on þǣre ilcan nihte* 'Abraham then arose on the same night', but *þā on þone þriddan dæġ þā cwæþ Abrahām* . . . 'then on the third day Abraham said . . .'. In the sense 'against', *wiþ* takes accusative more commonly, but also dative: *hīe wiþ þone here winnende wǣron* 'they fought against the (Danish) army'; *hīe ġe·fuhton wiþ hǣþnum heriġe* 'they fought against a heathen army'.

A few prepositions take the genitive, as well as other cases; e.g. *wiþ* meaning 'towards', and *tō* of purpose, as *swelċe him tō gamenes* 'as if for their sport', or of degree, as *tō þæs* 'to such an extent, so'.

When a thing is referred to, *þǣr* is substituted for the appropriate case of *hit*, and the preposition is appended to it, so that *þǣr·tō* corresponds to the masc. *tō him*: *hīe lǣddon þone cyning tō ānum trēowe, and tīeġdon hine þǣr·tō* 'they led the king to a tree, and tied him to it'.

Prepositions often follow, instead of preceding, the words they modify, sometimes with other words intervening. This occurs especially with *on*, *tō*, and the longer prepositions: *Ēadmund cwæþ cynelīċe him tō* 'Edmund said to him with kingly dignity'; *faraþ him tō·ġēanes* 'go to meet him'. It is common in relative clauses introduced by the indeclinable particle *þe*, to which the preposition refers: *þǣm Ælmihtigan tō lofe, þe hīe on ġe·līefdon* 'to the glory of the Almighty, in whom they believed'; *þæt hūs þe hē inne wunode* 'the house he was staying in'.

The noun or pronoun modified by a preposition is sometimes left unexpressed, and the preposition functions as an adverb: *cōm þæt land-folc tō* 'the people of the country came there'; *hīe scuton þā mid gafelucum tō* 'they shot at him then with spears'.

Several of the prepositions differ considerably in use from their modern descendants. In particular, *in* is seldom used,

its place being supplied by *on*. The meaning 'on' is in its turn
often expressed by *ofer*, as in *ofer stān ġe·timbrod* 'built on a
rock'. The commonest sense of *wiþ* is 'against', 'with' being
expressed by *mid*; *of* means mostly 'from', *fram* commonly
'by'.

Some prepositions combine with cases of the pronoun *þæt*
to form compound adverbs and conjunctions; e.g. *for þæm*
'therefore', *for þæm (þe)* 'because', *mid þȳ* 'when', *wiþ þæm þe*
'provided that'.

NEGATION

97. The negative particle is *ne*, which drops *e* and combines
with some common verbs and pronouns, as *nis* = *ne is*,
nān = *ne ān*. In a negative sentence the particle is prefixed to
every finite verb, and, in addition, to every word which may
have a contracted negative form: *hit nā ne fēoll* 'it did not fall';
hīe ne nāmon nānne ele 'they took no oil'. So also with *ne . . . ne*
'neither . . . nor': *ne ġe·seah iċ næfre þā burg, ne iċ þone sēaþ nāt*
'I have never seen the city, nor do I know the pit'; *sē þe nāwþer
nyle ne leornian ne tǣċan* 'he who will neither learn nor teach'.

INTERROGATION

98. Direct questions are usually expressed by placing verb
before subject: *ne for·lætt hē þā nigon and hund·nigontiġ?*
'will he not leave the ninety-nine?' Similarly after interroga-
tive words: *Hwȳ stande ġē ealne dæġ īdle?* 'Why do you stand
idle all day?'

CORRELATION

99. Correlation between subordinate and principal clauses
is expressed much oftener than in Mn.E., generally by
the use of corresponding words in both: *þā se brȳdguma
ielde, þā hnappodon hīe* 'while the bridegroom delayed, (then)
they dozed'; *þā þā hīe blīþost wǣron, þā bǣdon hīe sume . . .*
'when they were merriest, (then) some of them asked . . .';
and bȳ fultumode Beorhtrīċ Offan þȳ hē hæfde his dohtor him

tō cwēne 'and it was for this reason that Beorhtric helped Offa (namely) because he had married his daughter'. In the following example the pronoun *þæt* (in the gen., governed by *ġe·wilniġe*) anticipates the clause introduced by the conjunction *þæt*: *þæs iċ ġe·wilniġe, þæt iċ āna ne be·līfe* 'this I desire, that I may not remain alone'.

On the other hand, sometimes a single word bears both the demonstrative and the relative meaning: *hē ġe·brōhte hine þǣr hē hine ǣr ġe·nam* 'he brought him to where he had taken him from'. Cf. § 50, end.

100. WORD-ORDER

Nouns and adjectives

Attributive adjectives normally precede their nouns: *miċel flōd* 'a great flood', *se foresprecena here* 'the army before mentioned'. Names and short phrases in the genitive also usually precede nouns which they qualify, though for rhythm or emphasis they may follow: *West-seaxna cyning* 'king of the West Saxons'; *þisses īeġlandes bīgengan* 'the inhabitants of this island'; but, in Ælfric's rhythmical prose: *and be·hȳddon þæt hēafod þæs hālgan Ēadmundes* 'and hid the head of the holy Edmund'. When two co-ordinate adjectives qualify a noun, they are usually separated as in the traditional 'good men and true': *þū gōda þēow and ġe·trēowa* 'thou good and faithful servant'.

A title used with a proper name, and without a demonstrative, follows the name: *Ælfred æþeling* 'Prince Alfred'. A common noun qualified by the genitive of such a group is usually placed between the name and the title: *on Cȳres dagum cyninges* 'in the days of King Cyrus'; but not always: *on Æþelredes cyninges dæġe* 'in King Ethelred's day'.

For order with prepositions see § 96.

Parts of the sentence

(1) In a simple principal sentence, with no introductory demonstrative and no special emphasis, the normal order of

elements is subject-verb-object: *hēo be·swāc hine* 'she betrayed him'; *iċ ġe·sette þē ofer miclu* 'I will set you over great things'; *se cyning hēt hīe feohtan* 'the king ordered them to fight'. When the finite verb is an auxiliary with infinitive or past participle, the object or adverbial adjuncts (or both) often come between the auxiliary and the infinitive or participle: *iċ Ælfriċ wolde þās lȳtlan bōc ā·wendan* 'I, Ælfric, wished to translate this little book'; *þæs cyninges hǣs wearþ hrædlīċe ġe·fremed* 'the king's command was quickly carried out'.

Sometimes the object or complement is put first for emphasis, and the order simply reversed: *þā stōwe habbaþ ġīet his ierfenuman* 'that place his successors still have'; *mǣre is se God þe Daniēl on be·līefþ* 'great is the God that Daniel believes in'.

(2) In a principal sentence introduced by a demonstrative adverb or adverbial phrase, especially *þā* 'then', the verb follows the demonstrative immediately, and the subject comes next: *þā rīnde hit* 'then it rained'; *þā swigode se cyning* 'then the king was silent'; *þȳ ilcan ġēare ġe·sette Ælfred cyning Lundenburg* 'in the same year King Alfred occupied London'; *on his dagum sende Gregorius ūs fulluht* 'in his time Gregory sent baptism to us'. The order is thus adverb-verb-subject-(object). Except after *þā*, however, normal order is not infrequent in this type of sentence: *æfter þissum hē fērde tō Philistēa lande* 'after this he went to the land of the Philistines', and especially in the Chronicle after the recurrent *Hēr*: *Hēr Hengest and Horsa fuhton wiþ Wyrtġeorne*.

A special class is formed by negative sentences, which very often begin with negative particle+verb: *ne cweþe iċ nā for þȳ* ... 'I do not say therefore ...'; *ne ā·bȳhþ Ēadmund Hinguare* 'Edmund will not submit to Hinguar'; *næs mē nǣfre ġe·wuneliċ* 'it was never customary for me'.

(3) In a dependent clause, introduced by a conjunction or relative pronoun, the verb is usually left to the end. An auxiliary verb then follows its associated infinitive or participle. The typical order is connective-subject-object-verb: (*þā ǣrestan scipu Deniscra manna*) *þe Angelcynnes land ġe·sōhton* '(the

first ships of Danish men) which came to England'; *þæt hīe þone Godes mann ā·bītan scolden* 'in order that they should devour the man of God'; *gif hwā þās bōc ā·wrītan wile* 'if any-one wishes to copy this book'; *ǣr þǣm þe sēo ealde ǣ ge·sett wǣre* 'before the Old Law had been established'. Absolutely final position of the verb is by no means universal; even when it follows an object or a phrase it is sometimes itself followed by another element: *þæt mǣste wæl þe wē secgan hīerdon oþ þisne andweardan dæg* 'the greatest slaughter that we have heard tell of up to this present day'.

This typical order of dependent clauses combines with that of (2) above to form the characteristic pattern of correlative sentences: *þā sēo wyrt wēox, and þone wæstm brōhte, þā æt·īewde se coccel hine* 'when the plant grew, and brought forth the crop, then the cockle showed itself'; *þā hīe þā hāmweard wendon mid þǣre herehȳþe, þā mētton hīe micelne sciphere wīcinga* 'as they were going homewards with the booty, they came upon a great fleet of pirates'. See also § 99.

The order of (3) is found not only in subordinate clauses such as those illustrated, but also very commonly in co-ordinate clauses joined to the main clause by *and* (also *ac*), especially when the subject is the same as that of the main clause and is left unexpressed: . . . *and nigon scipu ge·fēngon, and þā ōþru ge·flīemdon; and hǣþne menn ǣrest ofer winter sǣton* 'and cap-tured nine ships, and put the others to flight; and heathen men first stayed over the winter'.

These three varieties of order are the basic types; but none of them is invariably observed, and much depends on the weight and rhythm of particular phrases and on the individual style of authors. By Ælfric's time a completely modern order (except for the negative) occasionally appears: *wē sculon ā·wen-dan ūrne willan tō his ge·setnessum, and wē ne magon ge·bīegan his ge·setnessa tō ūrum lustum.*

TEXTS

I

FROM THE GOSPEL OF ST. MATTHEW

VII. 24-27

Ǣlċ þāra þe þās mīn word ġe·hīerþ, and þā wyrcþ, biþ ġe·līċ
þǣm wīsan were, sē his hūs ofer stān ġe·timbrode. Þā cōm
þǣr reġen and miċel flōd, and þǣr blēowon windas, and
ā·hruron on þæt hūs, and hit nā ne fēoll: sōþlīċe hit wæs ofer
5 stān ġe·timbrod.

And ǣlċ þāra þe ġe·hīerþ þās mīn word, and þā ne wyrcþ,
sē biþ ġe·līċ þǣm dysigan menn, þe ġe·timbrode his hūs ofer
sand-ċeosol. Þā rīnde hit, and þǣr cōmon flōd, and blēowon
windas, and ā·hruron on þæt hūs, and þæt hūs fēoll; and his
10 hryre wæs miċel.

XIII. 24-30

Heofona rīċe is ġe·worden þǣm menn ġe·līċ þe sēow gōd sǣd
on his æcere. Sōþlīċe, þā þā menn slēpon, þā cōm his fēonda
sum, and ofer·sēow hit mid coccele on·middan þǣm hwǣte,
and fērde þanon. Sōþlīċe, þā sēo wyrt wēox, and þone wæstm
15 brōhte, þā æt·īewde se coccel hine. Þā ēodon þæs hlāfordes
þēowas and cwǣdon: 'Hlāford, hū, ne sēowe þū gōd sǣd on
þīnum æcere? Hwanon hæfde hē coccel?' Þā cwæþ hē: 'Þæt
dyde unhold mann.' Þā cwǣdon þā þēowas: 'Wilt þū, wē gāþ
and gadriaþ hīe?' Þā cwæþ hē: 'Nese: þȳ·lǣs ġē þone hwǣte
20 ā·wyrtwalien, þonne ġē þone coccel gadriaþ. Lǣtaþ ǣġþer
weaxan oþ rīp-tīman; and on þǣm rīptīman iċ secge þǣm
rīperum: "Gadriaþ ǣrest þone coccel, and bindaþ scēaf-mǣl-
um tō for·bærnenne; and gadriaþ þone hwǣte in-tō mīnum
berne." '

XVIII. 12–14

Ġif hwelċ mann hæfþ hund scēapa, and him losaþ ān of þǣm, 25
hū, ne for·lǣtt hē þā nigon and hund·nigontiġ on þǣm mun-
tum, and gǣþ, and sēcþ þæt ān þe for·wearþ? And ġif hit
ġe·limpþ þæt hē hit fint, sōþlīċe iċ ēow secge þæt hē swīþor
ġe·blissaþ for þǣm ānum þonne ofer·þā nigon and hund·nigon-
tiġ þe nā ne losodon.   30

XX. 1–16

Heofona rīċe is ġe·līċ þǣm hīredes ealdre þe on ǣrne-merġen
ūt ēode ā·hȳrian wyrhtan on his wīn-ġeard. Ġe·wordenre
ġe·cwid-rǣdenne þǣm wyrhtum, hē sealde ǣlcum ānne pening
wiþ his dæġes weorce, and ā·sende hīe on his wīnġeard. And
þā hē ūt ēode ymbe undern-tīd, hē ġe·seah ōþre on strǣte īdle 35
standan. Þā cwæþ hē: 'Gā ġē on mīnne wīnġeard, and iċ selle
ēow þæt riht biþ.' And hīe þā fērdon. Eft hē ūt ēode ymbe þā
siextan and nigoþan tīd, and dyde þǣm swā ġe·līċe. Þā ymbe
þā endleoftan tīd hē ūt ēode, and funde ōþre standende, and
þā sæġde hē: 'Hwȳ stande ġē hēr ealne dæġ īdle?' Þā cwǣdon 40
hīe: 'For þǣm þe ūs nān mann ne hȳrode.' Þā cwæþ hē: 'And
gā ġē on mīnne wīngeard.'

Sōþlīċe þā hit wæs ǣfen ġe·worden, þā sæġde se wīnġeardes
hlāford his ġe·rēfan: 'Clipa þā wyrhtan, and ā·ġief him hiera
mēde; on·ġinn fram þǣm ȳtemestan oþ þone fyrmestan.' 45
Eornostlīċe þā þā ġe·cōmon þe ymbe þā endleoftan tīd cōmon,
þā on·fēngon hīe ǣlċ his pening. And þā þe þǣr ǣrest cōmon
wēndon þæt hīe scolden māre on·fōn; þā on·fēngon hīe syn-
driġe peningas. Þā on·gunnon hīe murcnian on·ġēan þone
hīredes ealdor, and þus cwǣdon: 'Þās ȳtemestan worhton āne 50
tīd, and þū dydest hīe ġe·līċe ūs, þe bǣron byrþenna on þisses
dæġes hǣtan.' Þā cwæþ hē andswariende hiera ānum: 'Ēalā þū
frēond, ne dō iċ þē nānne tēonan; hū, ne cōme þū tō mē tō
wyrċenne wiþ ānum peninge? Nim þæt þīn is, and gā; iċ wille
þissum ȳtemestan sellan eall swā miċel swā þē. Oþþe ne mōt 55
iċ dōn þæt iċ wille? Hwæþer þe þīn ēage mān-full is for þǣm

þe iċ gōd eom? Swā bēoþ þā fyrmestan ȳtemeste, and þā
ȳtemestan fyrmeste; sōþlīċe maniġe sind ġe·clipode, and fēawe
ġe·corene.'

XXV. 1–13

60 Þonne biþ heofona rīċe ġe·līċ þǣm tīen fǣmnum, þe þā lēoht-
fatu nāmon, and fērdon on·ġēan þone brȳd-guman and þā
brȳd. Hiera fīf wǣron dysiġe, and fīf glēawe. Ac þā fīf dysigan
nāmon lēohtfatu, and ne nāmon nānne ele mid him; þā glēawan
nāmon ele on hiera fatum mid þǣm lēohtfatum. Þā se brȳd-
65 guma ielde, þā hnappodon hīe ealle, and slēpon. Witodlīċe tō
midre nihte man hrīemde, and cwæþ: 'Nū se brȳdguma cymþ,
faraþ him tō·ġēanes.' Þā ā·rison ealle þā fǣmnan, and glenġdon
hiera lēohtfatu. Þā cwǣdon þā dysigan tō þǣm wīsum: 'Sellaþ
ūs of ēowrum ele, for þǣm ūre lēohtfatu sind ā·cwenċtu.'
70 Þā andswarodon þā glēawan, and cwǣdon: 'Nese; þȳ·lǣs þe
wē and ġē næbben ġe·nōg. Gāþ tō þǣm ċīependum, and bycgaþ
ēow ele.' Witodlīċe, þā hīe fērdon, and woldon bycgan, þā cōm
se brȳdguma; and þā þe ġearwe wǣron ēodon inn mid him
tō þǣm ġieftum; and sēo duru wæs be·locen. Þā æt nīehstan
75 cōmon þā ōþre fǣmnan, and cwǣdon: 'Dryhten, dryhten, lǣt
ūs inn.' Þā andswarode hē him, and cwæþ: 'Sōþ iċ ēow secge,
ne cann iċ ēow.' Witodlīċe, waciaþ, for þǣm þe ġē nyton ne
þone dæġ ne þā tīd.

XXV. 14–30

Sum mann fērde on el-þēodiġnesse, and clipode his þēowas,
80 and be·tǣhte him his ǣhta. And ānum hē sealde fīf pund,
sumum twā, sumum ān: ǣghwelcum be his āgnum mæġne;
and fērde sōna.

Þā fērde sē þe þā fīf pund under·fēng, and ġe·strīende ōþru
fīfe. And eall-swā sē þe þā twā under·fēng, ġe·strīende ōþru
85 twā. Witodlīċe sē þe þæt ān under·fēng fērde, and be·dealf
hit on eorþan, and be·hȳdde his hlāfordes feoh.

Witodlīċe æfter miclum fierste cōm þāra þēowa hlāford, and

dihte him ġe·rād. Þā cōm sē þe þā fīf pund under·fēng, and
brōhte ōþru fīfe, and cwæþ: 'Hlāford, fīf pund þū sealdest
mē; nū iċ ġe·strīende ōþru fīfe.' Þā cwæþ his hlāford tō him: 90
'Bēo blīþe, þū gōda þēow and ġe·trēowa: for þǣm þe þū wǣre
ġe·trēowe ofer lȳtlu þing, iċ ġe·sette þē ofer miclu. Gā intō
þīnes hlāfordes blisse.' Þā cōm sē þe þā twā pund under·fēng,
and cwæþ: 'Hlāford, twā pund þū mē sealdest; nū iċ hæbbe
ġe·strīened ōþru twā.' Þā cwæþ his hlāford tō him: 'Ge·blissa, 95
þū gōda þēow and ġe·trēowa: for þǣm þe þū wǣre ġe·trēowe
ofer fēa, ofer fela iċ þē ġe·sette. Gā on þīnes hlāfordes ġe·fēan.'

Þā cōm sē þe þæt ān pund under·fēng, and cwæþ: 'Hlāford,
iċ wāt þæt þū eart heard mann: þū rīpst þǣr þū ne sēowe,
and gadrast þǣr þū ne sprenġdest. And iċ fērde of·drǣdd, and 100
be·hȳdde þīn pund on eorþan. Hēr þū hæfst þæt þīn is.' Þā
andswarode his hlāford him, and cwæþ: 'Þū yfla þēow and
slāwa, þū wistest þæt iċ rīpe þǣr iċ ne sāwe, and iċ gadriġe
þǣr iċ ne strēdde: hit ġe·byrede þæt þū be·fæste mīn feoh
myneterum, and iċ nāme, þonne iċ cōme, þæt mīn is, mid 105
þǣm gafole. Ā·nimaþ þæt pund æt him, and sellaþ þǣm þe
mē þā tīen pund brōhte. Witodlīċe ǣlcum þāra þe hæfþ man
selþ, and hē hæfþ ġe·nōg; þǣm þe næfþ, þæt him þyncþ þæt
hē hæbbe, þæt him biþ æt·brogden. And weorpaþ þone un-
nyttan þēowan on þā ūterran þēostru; þǣr biþ wōp and tōþa 110
grist-bitung.'

II

OLD TESTAMENT PIECES

A. ABRAHAM AND ISAAC

God wolde þā fandian Abrahāmes ġe·hīersumnesse, and clipode his naman, and cwæþ him þus tō: 'Nim þīnne ān-cennedan sunu Isaāc, þe þū lufast, and far tō þǣm lande Visionis hraþe, and ġe·offra hine þǣr uppan ānre dūne.'

5 Abrahām þā ā·rās on þǣre ilcan nihte, and fērde mid twǣm cnapum tō þǣm fierlenan lande, and Isaāc samod, on assum rīdende. Þā on þone þriddan dæġ, þā hīe þā dūne ġe·sāwon, þǣr þǣr hīe tō scoldon tō of·slēanne Isaāc, þā cwæþ Abrahām tō þǣm twǣm cnapum þus: 'Andbīdiaþ ēow hēr mid þǣm 10 assum sume hwīle! Iċ and þæt ċild gāþ unc tō ġe·biddenne, and wit siþþan cumaþ sōna eft tō ēow.'

Abrahām þā hēt Isaāc beran þone wudu tō þǣre stōwe, and hē self bær his sweord and fȳr. Isaāc þā āscode Abrahām his fæder: 'Fæder mīn, iċ āsciġe hwǣr sēo offrung sīe; hēr is wudu 15 and fȳr.' Him andwyrde se fæder: 'God fore·scēawaþ, mīn sunu, him self þā offrunge.'

Hīe cōmon þā tō þǣre stōwe þe him ġe·sweotolode God; and hē þǣr wēofod ā·rǣrde on þā ealdan wīsan, and þone wudu ġe·lōgode swā swā hē hit wolde habban tō his suna bærnette, 20 siþþan hē of·slæġen wurde. Hē ġe·band þā his sunu, and his sweord ā·tēah, þæt hē hine ġe·offrode on þā ealdan wīsan.

Mid þǣm þe hē wolde þæt weorc be·ġinnan, þā clipode Godes engel arodlīċe of heofonum: 'Abrahām!' Hē andwyrde sōna. Se engel him cwæþ tō: 'Ne ā·cwele þū þæt ċild, ne þīne 25 hand ne ā·streċe ofer his swēoran! Nū iċ on·cnēow sōþlīċe þæt þū swīþe on·drǣtst God, nū þū þīnne āncennedan sunu of·slēan woldest for him.'

Þā be·seah Abrahām sōna under bæc, and ġe·seah þǣr ānne ramm be·twix þǣm brēmlum be þǣm hornum ġe·hæft; and

hē ā·hefde þone ramm tō þǣre offrunge, and hine þǣr of·snāþ 30
Gode tō lāce for his sunu Isaāc. Hē hēt þā þā stōwe *Dominus*
uidet, þæt is 'God ġe·siehþ', and ġīet is ġe·sæġd swā, *In monte*
Dominus uidebit, þæt is, 'God ġe·siehþ on dūne.'

Eft clipode se engel Abrahām, and cwæþ: 'Iċ sweriġe þurh
mē selfne, sæġde se Ælmihtiga, nū þū noldest ārian þīnum 35
āncennedan suna, ac þē wæs mīn eġe māre þonne his līf, iċ
þē nū blētsiġe, and þīnne of·spring ġe·maniġ-fielde swā swā
steorran on heofonum, and swā swā sand-ċeosol on sǣ; þīn
ofspring sceal āgan hiera fēonda gatu. And on þīnum sǣde
bēoþ ealle þēoda ġe·blētsode, for þǣm þe þū ġe·hīersumodest 40
mīnre hǣse þus.'

Abrahām þā ġe·ċierde sōna tō his cnapum, and fērde him
hām swā mid heofonlicre blētsunge.

B. DANIEL

On Cȳres dagum cyninges wrēġdon þā Babilōniscan þone
wītegan Daniēl, for þǣm þe hē tō·wearp hiera dēofol-ġield, 45
and cwǣdon ān-mōdlīċe tō þǣm fore-sæġdan cyninge Cȳrum:
'Be·tǣċ ūs Daniēl, þe ūrne god Bēl tō·wearp, and þone dracan
ā·cwealde þe wē on be·līefdon. Ġif þū hine for·stentst, wē
for·dīlġiaþ þē and þīnne hīred.'

Þā ġe·seah se cyning þæt hīe ān-mōde wǣron, and nīedunga 50
þone wītegan him tō handum ā·scēaf. Hīe þā hine ā·wurpon
intō ānum sēaþe, on þǣm wǣron seofon lēon, þǣm man sealde
dæġhwǣmlīċe twā hrīþeru and twā scēap, ac him wæs þā
of·togen ǣlċes fōdan siex dagas, þæt hīe þone Godes mann
ā·bītan scolden.   55

On þǣre tīde wæs sum ōþer wītega on Iūdēa-lande, his
nama wæs Abacuc, sē bær his rifterum mete tō æcere. Þā
cōm him tō Godes engel, and cwæþ: 'Abacuc, ber þone mete
tō Babilōne, and sele Daniēle, sē þe sitt on þāra lēona sēaþe.'
Abacuc andwyrde þǣm engle: 'Lā lēof, ne ġe·seah iċ nǣfre 60
þā burg, ne iċ þone sēaþ nāt.'

Þā se engel ġe·lǣhte hine be þǣm feaxe, and hine bær tō

Babilōne, and hine sette bufan þǣm sēaþe. Þā clipode sē
Abacuc: 'Þū Godes þēowa, Daniēl, nim þās lāc þe þē God
65 sende!' Daniēl cwæþ: 'Mīn Dryhten Hǣlend, sīe þē lof and
weorþ-mynd þæt þū mē ġe·mundest.' And hē þā þǣre sande
brēac. Witodlīċe Godes engel þǣr-rihte mid swiftum flyhte
ġe·brōhte þone disc-þeġn, Abacuc, þǣr hē hine ǣr ġe·nam.

Se cyning þā Cȳrus on þǣm seofoþan dæġe ēode drēoriġ
70 tō þāra lēona sēaþe, and inn be·seah, and efne þā Daniēl
sittende wæs ġe·sund-full on·middan þǣm lēom. Þā clipode
se cyning mid miċelre stefne: 'Mǣre is se God þe Daniēl on
be·līefþ.' And hē þā mid þǣm worde hine ā·tēah of þǣm
scræfe, and hēt inn weorpan þā þe hine ǣr for·dōn woldon.
75 Þæs cyninges hǣs wearþ hrædlīċe ġe·fremed, and þæs wītegan
ēhteras wurdon ā·scofene be·twix þǣm lēom, and hīe þǣrrihte
mid grǣdgum ċeaflum hīe ealle tō·tǣron. Þā cwæþ se cyning:
'Forhtien and on·drǣden ealle eorþ-būende Daniēles God, for
þǣm þe hē is Ā·līesend and Hǣlend, wyrċende tācnu and
80 wundru on heofonan and on eorþan.'

C. NEBUCHADNEZZAR

Nabochodonosor, se hǣþna cyning, ġe·hergode on Godes folce
on Iūdēa-lande, and for hiera mān-dǣdum God þæt ġe·þafode.
Þā ġe·nam hē þā māþm-fatu, gyldenu and silfrenu, binnan
Godes temple, and tō his lande mid him ġe·lǣdde. Hit ġe·lamp
85 eft siþþan þæt hē on swefne āne ġe·sihþe be him selfum ġe·seah,
swā swā him siþþan ā·ēode.

Æfter þissum ymb twelf mōnaþ ēode se cyning binnan his
healle mid or-mǣtre ūp-ā·hefednesse, heriende his weorc and
his miht, and cwæþ: 'Hū, ne is þis sēo micle Babilōn, þe iċ
90 self ġe·timbrode tō cyne-stōle and tō þrymme, mē selfum tō
wlite and wuldre, mid mīnum āgnum mæġne and strengþe?'
Ac him clipode þǣrrihte tō swīþe eġesliċ stefn of heofonum,
þus cweþende: 'Þū Nabochodonosor, þīn rīċe ġe·wītt fram þē,
and þū bist fram mannum ā·worpen, and þīn wunung biþ
95 mid wildēorum, and þū itst gærs, swā swā oxa, seofon ġēar,

oþ þæt þū wite þæt se hēalica God ġe·wielt manna rīċu, and
þæt hē for·ġiefþ rīċe þǣm þe hē wile.'

Witodlīċe on þǣre ilcan tīde wæs þēos sprǣċ ġe·fylled ofer
Nabochodonosor, and hē arn tō wuda, and wunode mid
wildēorum, leofode be gærse, swā swā nīeten, oþ þæt his feax 100
wēox swā swā wīf-manna, and his næġlas swā swā earnes clawa.

Eft siþþan him for·ġeaf se ælmihtiga Wealdend his ġe·witt,
and hē cwæþ: 'Iċ Nabochodonosor ā·hōf mīn ēagan ūp tō
heofonum, and mīn andġiet mē wearþ for·ġiefen, and iċ þā
blētsode þone hīehstan God, and iċ herede and wuldrode þone 105
þe leofaþ on ēċnesse, for þǣm þe his miht is ēċe, and his rīċe
stent on mǣġþe and on mǣġþe. Ealle eorþbūende sind tō nāhte
ġe·tealde on his wiþ·metennesse. Æfter his willan hē dēþ ǣġþer
ġe on heofonan ġe on eorþan, and nis nān þing þe his mihte
wiþ·stande, oþþe him tō cweþe: "Hwȳ dēst þū swā?" On 110
þǣre tīde mīn andġiet ġe·wende tō mē, and iċ be·cōm tō
weorþmynde mīnes cyne-rīċes, and mīn mennisce hīw mē
be·cōm. Mīne witan mē sōhton, and mīn mǣrþu wearþ ġe·ēac-
nod. Nū eornostlīċe iċ mǣrsiġe and wuldriġe þone heofonlican
Cyning, for þǣm þe eall his weorc sind sōþ, and his wegas riht- 115
wīse, and hē mæġ ġe·ēaþ-mēdan þā þe on mōdiġnesse faraþ.'

Þus ġe·ēaþmēdde se ælmihtiga God þone mōdigan cyning
Nabochodonosor.

SAMSON

Ān mann wæs eardiende on Israhēla þēode, **Manuē ġe·hāten**,
of þǣre mǣġþe Dan. His wīf wæs untīemende, and hīe wuno-
don būtan ċilde. Him cōm þā gangende tō Godes engel, and
cwæþ þæt hīe scolden habban sunu him ġe·mǣnne: 'Sē biþ
5 Gode hāliġ fram his ċild-hāde; and man ne mōt hine efsian
oþþe be·scieran, ne hē ealu ne drince nǣfre oþþe wīn, ne nāht
fūles ne þicge; for þǣm þe hē on·ġinþ tō ā·līesenne his folc,
Israhēla þēode, of Philistēa þēowte.'

Hēo ā·cende þā sunu, swā swā hiere sæġde se engel, and
10 hēt hine Samson; and hē swīþe wēox, and God hine blētsode,
and Godes gāst wæs on him. Hē wearþ þā mihtiġ on miċelre
strengþe, swā þæt hē ġe·lǣhte āne lēon be weġe, þe hine
ā·bītan wolde, and tō·bræġd hīe tō styċċum, swelċe hē tō·tǣre
sum ēaþeliċ ticċen.

15 Hē be·gann þā tō winnenne wiþ þā Philistēos, and hiera fela
of·slōg and tō scame tūcode, þēah þe hīe anweald hæfden ofer
his lēode. Þā fērdon þā Philistēi forþ æfter Samsone, and hēton
his lēode þæt hīe hine ā·ġēafen tō hiera anwealde, þæt hīe
wrecan mihten hiera tēon-rǣdenne mid tintregum on him.
20 Hīe þā hine ġe·bundon mid twǣm bæstenum rāpum and hine
ġe·lǣddon tō þǣm folce. And þā Philistēiscan þæs fæġnodon
swīþe; urnon him tō·ġēanes ealle hlȳdende, woldon hine tintre-
ġian for hiera tēonrǣdenne. Þā tō·bræġd Samson bēġen his
earmas, þæt þā rāpas tō·burston þe hē mid ġe·bunden wæs.
25 And hē ġe·lǣhte þā sōna sumes assan ċinn-bān þe hē þǣr
funde, and ġe·feaht wiþ hīe, and of·slōg ān þūsend mid þæs
assan ċinnbāne, and cwæþ tō him selfum: 'Iċ of·slōg witodlīċe
ān þūsend wera mid þæs assan ċinnbāne.' Hē wearþ þā swīþe
of·þyrst for þǣm wundorlican sleġe, and bæd þone heofonlican
30 God þæt hē him ā·sende drincan, for þǣm þe on þǣre
nēawiste næs nān wæter-scipe. Þā arn of þǣm ċinnbāne, of

ānum tēþ, wæter; and Samson þā dranc, and his Dryhtne
þancode.

Æfter þissum hē fērde tō Philistēa lande, intō ānre byriġ
on hiera anwealde, Gaza ġe·hāten. And hīe þæs fæġnodon; 35
be·setton þā þæt hūs þe hē inne wunode; woldon hine ġe·niman
mid þǣm þe hē ūt ēode on ærne-merġen, and hine of·slēan.
Hwæt þā Samson hiera sierwunga under·ġeat; and ā·rās on
midre nihte tō·middes his fēondum, and ġe·nam þā burg-gatu,
and ġe·bær on his hrycge mid þǣm postum, swā swā hīe 40
be·locenu wǣron, ūp tō ānre dūne tō ufeweardum þǣm cnolle;
and ēode him swā or-sorg of hiera ġe·sihþum.

Hine be·swāc swā·þēah siþþan ān wīf, Dalila ġe·hāten, of
þǣm hǣþnan folce, swā þæt hē hiere sæġde, þurh hiere swīc-
dōm be·pǣht, on hwǣm his strengþu wæs and his wundorliċe 45
miht. Þā hǣþnan Philistēi be·hēton hiere sceattas wiþ þǣm þe
hēo be·swice Samson þone strangan. Þā āscode hēo hine
ġeorne mid hiere ōlǣċunge on hwǣm his miht wǣre; and hē
hiere andwyrde: 'Ġif iċ bēo ġe·bunden mid seofon rāpum, of
sinum ġe·worhte, sōna iċ bēo ġe·wield.' Þæt swicole wīf þā 50
be·ġeat þā seofon rāpas, and hē þurh sierwunge swā wearþ
ġe·bunden. And him man cȳdde þæt þǣr cōmon his fīend. Þā
tō·bræc hē sōna þā rāpas, swā swā hefel-þrǣdas; and þæt wīf
nyste on hwǣm his miht wæs. Hē wearþ eft ġe·bunden mid
eall-nīwum rāpum; and hē þā tō·bræc, swā swā þā ōþre. 55

Hēo be·swāc hine swā·þēah, þæt hē hiere sæġde æt nīehstan:
'Iċ eom Gode ġe·hālgod fram mīnum ċildhāde; and iċ næs
nǣfre ġe·efsod, ne nǣfre be·scoren; and ġif iċ bēo be·scoren,
þonne bēo iċ unmihtiġ, ōþrum mannum ġe·līċ.' And hēo lēt
þā swā. 60

Hēo þā on sumum dæġe, þā þā hē on slǣpe læġ, for·ċearf
his seofon loccas, and ā·weahte hine siþþan. Þā wæs hē swā
unmihtiġ swā swā ōþre menn. And þā Philistēi ġe·fēngon hine
sōna, swā swā hēo hine be·lǣwde, and ġe·lǣddon hine on·weġ;
and hēo hæfde þone sceatt, swā swā him ġe·wearþ. 65

Hīe þā hine ā·blendon, and ġe·bundenne lǣddon on heardum
racen-tēagum hām tō hiera byriġ, and on cwearterne be·lucon

tō langre fierste: hēton hine grindan æt hiera hand-cweorne.
Þā wēoxon his loccas and his miht eft on him. And þā Philistēi
70 full bliþe wǣron: þancodon hiera gode, Dagon ġe·hāten,
swelċe hīe þurh his fultum hiera fēond ġe·wielden.

Þā Philistēi þā micle feorme ġe·worhton, and ġe·samnodon
hīe on sumre ūp-flōra, ealle þā hēafod-menn and ēac swelċe
wīf-menn, þrēo þūsend manna on miċelre blisse. And þā þā
75 hīe bliþost wǣron, þā bǣdon hīe sume þæt Samson mōste him
macian sum gamen; and hine man sōna ġe·fette mid swiþlicre
wāfunge, and hēton hine standan be·twix twǣm stǣnenum
swēorum. On þǣm twǣm swēorum stōd þæt hūs eall ġe·worht.
And Samson þā plegode swīþe him æt·foran; and ġe·lǣhte þā
80 swēoras mid swiþlicre mihte, and slōg hīe tō·gædre þæt hīe
sōna tō·burston; and þæt hūs þā ā·fēoll eall, þǣm folce tō
dēaþe, and Samson forþ mid, swā þæt hē micle mā on his
dēaþe ā·cwealde þonne he ǣr cwic dyde.

FROM THE CHRONICLE

Anno 449. Hēr Martiānus and Valentīnus on·fēngon rīċe, and rīcsodon seofon winter. And on hiera dagum Hengest and Horsa, fram Wyrtġeorne ġe·laþode, Bretta cyninge, ġe·sōhton Bretene on þǣm stede þe is ġe·nemned Ypwines-flēot, ǣrest Brettum tō fultume, ac hīe eft on hīe fuhton. 5

Se cyning hēt hīe feohtan on·ġēan Peohtas; and hīe swā dydon, and siġe hæfdon swā hwǣr swā hīe cōmon. Hīe þā sendon tō Angle, and hēton him sendan māran fultum; and hēton him secgan Bret-wēala nāhtnesse and þæs landes cyste. Hīe þā sendon him māran fultum. Þā cōmon þā menn of 10 þrim mǣġþum Germānie: of Eald-seaxum, of Englum, of Īotum.

Of Īotum cōmon Cant-ware and Wiht-ware—þæt is sēo mǣġþ þe nū eardaþ on Wiht—and þæt cynn on West-seaxum þe man nū ġīet hǣtt 'Īotena cynn'. Of Eald-seaxum cōmon 15 Ēast-seaxe and Sūþ-seaxe and West-seaxe. Of Angle cōmon— sē ā siþþan stōd wēste be·twix Īotum and Seaxum—Ēast-engle, Middel-engle, Mierċe, and ealle Norþ-hymbre.

455. Hēr Hengest and Horsa fuhton wiþ Wyrtġeorne þǣm cyninge in þǣre stōwe þe is ġe·cweden Æġles-þrep; and his 20 brōþor Horsan man of·slōg. And æfter þǣm Hengest fēng tō rīċe, and Æsc his sunu.

457. Hēr Hengest and Æsc fuhton wiþ Brettas in þǣre stōwe þe is ġe·cweden Crecgan-ford, and þǣr of·slōgon fēower þūsend wera. And þā Brettas þā for·lēton Cent-land, and mid micle 25 eġe flugon tō Lunden-byriġ.

473. Hēr Hengest and Æsc ġe·fuhton wiþ Wēalas, and ġe·nāmon unārīmedlicu here-rēaf, and þā Wēalas flugon þā Engle swā swā fȳr.

495. Hēr cōmon twēġen ealdor-menn on Bretene, Cerdic 30 and Cynrīċ his sunu, mid fīf scipum, in þone stede þe is

ġe·cweden Cerdices-ōra; and þȳ ilcan dæġe ġe·fuhton wiþ
Wēalum.

501. Hēr cōm Port on Bretene, and his twēġen suna Bieda
35 and Mægla, mid twǣm scipum, on þǣre stōwe þe is ġe·cweden
Portes-mūþa; and of·slōgon ānne ġeongne Brettiscne mannan,
swīþe æþelne.

514. Hēr cōmon West-seaxe in Bretene, mid þrim scipum,
in þā stōwe þe is ġe·cweden Cerdices-ōra; and Stuf and
40 Wihtgār fuhton wiþ Brettas and hīe ġe·flīemdon.

519. Hēr Cerdic and Cynrīċ West-seaxna rīċe on·fēngon,
and þȳ ilcan ġēare hīe fuhton wiþ Brettas þǣr man nū nemneþ
Cerdices-ford; and siþþan rīcsodon West-seaxna cyne-bearn
of þǣm dæġe.

45 565. Hēr fēng Æþelbryht tō Cantwara rīċe, and hēold þrēo
and fīftiġ wintra. On his dagum sende Gregorius ūs fulluht,
and Columba mæsse-prēost cōm tō Peohtum and hīe ġe·ċierde
tó Crīstes ġe·lēafan; þæt sind þonne wearderas be norþum
mōrum. And hiera cyning him ġe·sealde þæt īeġ-land þe man
50 Ii nemneþ. Þǣr sē Columba ġe·timbrode mynster, and hē þǣr
wæs abbod twā and þrītiġ wintra, and þǣr forþ·fērde þā hē
wæs seofon and hund·seofontiġ wintra. Þā stōwe habbaþ
ġīet his ierfe-numan. Sūþ-peohtas wǣron ǣr ġe·fullode of
Ninia biscope, sē wæs on Rōme ġe·lǣred.

55 787. Hēr nam Beorhtrīċ cyning Offan dohtor Ēadburge.
And on his dagum cōmon ǣrest þrēo scipu; and þā se ġe-rēfa
þǣr·tō rād, and hīe wolde drīfan tō þæs cyninges tūne, þȳ
hē nyste hwæt hīe wǣron; and hine man of·slōg. Þæt wǣron
þā ǣrestan scipu Deniscra manna þe Angel-cynnes land ġe-
60 ·sōhton.

836. Hēr Ecgbryht cyning forþ·fērde. And hine hæfde ǣr
Offa Mierċna cyning and Beorhtrīċ West-seaxna cyning
ā·flīemed þrēo ġēar of Angelcynnes lande on Franc-land ǣr hē
cyning wǣre; and þȳ fultumode Beorhtrīċ Offan þȳ hē hæfde
65 his dohtor him tō cwēne. And sē Ecgbryht rīcsode seofon and

þrītiġ wintra and seofon mōnaþ; and fēng Æþelwulf Ecgbryht-
ing tō West-seaxna rīċe.

851. Hēr Ċeorl ealdormann ġe·feaht wiþ hǣþne menn mid
Defena-scīre æt Wicgan-beorge, and þǣr miċel wæl ġe·slōgon,
and siġe nāmon. And þȳ ilcan ġēare Æþelstān cyning and 70
Ealhhere dux miċelne here of·slōgon æt Sand-wīċ on Cent;
and nigon scipu ġe·fēngon, and þā ōþru ġe·flīemdon; and
hǣþne menn ǣrest ofer winter sǣton.

And þȳ ilcan ġēare cōm fēorþe healf hund scipa on Temese-
mūþan, and brǣcon Cantwara-burg, and Lunden-burg, and 75
ġe·flīemdon Beorhtwulf Mierċna cyning mid his fierde; and
fōron þā sūþ ofer Temese on Sūþriġe. And him ġe·feaht wiþ
Æþelwulf cyning and Æþelbeald his sunu æt Āc-lēa mid West-
seaxna fierde, and þǣr þæt mǣste wæl ġe·slōgon on hǣþnum
heriġe þe wē secgan hīerdon oþ þisne andweardan dæġ, and 80
þǣr siġe nāmon.

853. Hēr bæd Burgred Mierċna cyning and his witan Æþel-
wulf cyning þæt hē him ġe·fultumode þæt him Norþ-wēalas
ġe·hīersumode. Hē þā swā dyde, and mid fierde fōr ofer Mierċe
on Norþ-wēalas, and hīe him ealle ġe·hīersume dydon. And 85
þȳ ilcan ġēare sende Æþelwulf cyning Ælfred his sunu tō Rōme.
Þā wæs domne Lēo pāpa on Rōme, and hē hine tō cyninge
ġe·hālgode, and hine him tō biscop-suna nam.

Þā þȳ ilcan ġēare Ealhhere mid Cantwarum and Huda mid
Sūþriġum ġe·fuhton on Tenet wiþ hǣþnum heriġe, and ǣrest 90
siġe nāmon; and þǣr wearþ maniġ mann of·slæġen and ā·drun-
cen on ġe·hwæþere hand. And þæs ofer Ēastran ġeaf Æþelwulf
cyning his dohtor Burgrede cyninge of West-seaxum on Mierċe.

855. Hēr hǣþne menn ǣrest on Scēap-īeġe ofer winter
sǣton. And þȳ ilcan ġēare ġe·bōcode Æþelwulf cyning tēoþan 95
dǣl his landes ofer eall his rīċe Gode tō lofe, and him selfum
tō ēċre hǣlu; and þȳ ilcan ġēare fērde tō Rōme mid miċelre
weorþnesse, and þǣr wæs twelf mōnaþ wuniende, and þā him
hām-weard fōr. And him þā Carl Francna cyning his dohtor
ġeaf him tō cwēne; and æfter þǣm tō his lēodum cōm, and 100
hīe þæs ġe·fæġene wǣron. And ymb twā ġēar þæs þe hē on

Francum cōm, hē ġe·fōr; and his līċ līþ æt Wintan-ċeastre.
And hē rīcsode nigontēoþe healf ġēar.

865. Hēr sæt hæþen here on Tenet, and ġe·nāmon friþ wiþ
105 Cantwarum, and Cantware him feoh ġe·hēton wiþ þǣm friþe;
and under þǣm friþe and þǣm feoh-ġe·hāte se here hine on
niht ūp be·stæl, and ofer·hergode ealle Cent ēastewearde.

866. Hēr fēng Æþelred Æþelbryhtes brōþor tō West-seaxna
rīċe. And þȳ ilcan ġēare cōm miċel here on Angelcynnes land,
110 and winter-setl nāmon on Ēast-englum, and þǣr ġe·horsode
wurdon; and hīe him wiþ friþ nāmon.

867. Hēr fōr se here of Ēast-englum ofer Humbre-mūþan
tō Eoforwīc-ċeastre on Norþ-hymbre. And þǣr wæs miċel
unġeþwǣrnes þǣre þēode be·twix him selfum, and hīe hæfdon
115 hiera cyning ā·worpenne Ōsbryht, and unġecyndne cyning
under·fēngon Ællan. And hīe late on ġēare tō þǣm ġe·ċierdon
þæt hīe wiþ þone here winnende wǣron; and hīe þēah micle
fierd ġe·gadrodon, and þone here sōhton æt Eoforwīc-ċeastre;
and on þā ċeastre brǣcon, and hīe sume inne wurdon. And
120 þǣr wæs unġemetliċ wæl ġe·slæġen Norþanhymbra, sume
binnan, sume būtan, and þā cyningas bēġen of·slæġene; and
sēo lāf wiþ þone here friþ nam.

868. Hēr fōr se ilca here innan Mierċe tō Snotinga-hām,
and þǣr wintersetl nāmon; and Burgred Mierċna cyning and
125 his witan bǣdon Æþelred West-seaxna cyning and Ælfred his
brōþor þæt hīe him ġe·fultumoden þæt hīe wiþ þone here
ġe·fuhten. And þā fērdon hīe mid West-seaxna fierde innan
Mierċe oþ Snotinga-hām, and þone here þǣr mētton on þǣm
ġe·weorce; and þǣr nān hefeliċ ġe·feoht ne wearþ, and Mierċe
130 friþ nāmon wiþ þone here.

885. Hēr tō·dǣlde se fore-sprecena here on tū, ōþer dǣl
ēast, ōþer dǣl tō Hrofes-ċeastre; and ymb·sǣton þā ċeastre,
and worhton ōþer fæsten ymb hīe selfe. And hīe þēah þā
ċeastre ā·weredon oþ þæt Ælfred cōm ūtan mid fierde. Þā
135 ēode se here tō hiera scipum, and for·lēt þæt ġe·weorc; and
hīe wurdon þǣr be·horsode, and sōna þȳ ilcan sumere ofer sǣ
ġe·witon.

And þȳ ilcan ġēare sende Ælfred cyning scip-here on Ēast-
engle. Sōna swā hīe cōmon on Stūre-mūþan, þā mētton hīe
siextīene scipu wīċinga, and wiþ þā ġe·fuhton, and þā scipu 140
eall ġe·rǣhton, and þā menn of·slōgon. Þā hīe þā hāmweard
wendon mid þǣre here-hȳþe, þā mētton hīe miċelne sciphere
wīċinga, and þā wiþ þā ġe·fuhton þȳ ilcan dæġe, and þā
Deniscan āhton siġe.

886. Hēr fōr se here eft west þe ǣr ēast ġe·lende, and þā 145
ūp on Siġene, and þǣr wintersetl nāmon. Þȳ ilcan ġēare ġe·sette
Ælfred cyning Lunden-burg, and him eall Angelcynn tō ċierde,
þæt būtan Deniscra manna hæft-nīede wæs; and hē þā be·fæste
þā burg Æþelrede ealdormenn tō healdenne.

PREFACES BY ÆLFRIC

A. TO HIS LATIN GRAMMAR

Iċ Ælfriċ wolde þās lȳtlan bōc ā·wendan tō Engliscum ġe·reorde of þǣm stæf-cræfte þe is ġe·hāten *grammatica*, siþþan iċ þā twā bēċ ā·wende on hund·eahtatigum spellum, for þǣm þe stæfcræft is sēo cǣġ þe þāra bōca andġiet un·lȳcþ; and iċ þōhte
5 þæt þēos bōc mihte fremian ġeongum ċildum tō anġinne þæs cræftes, oþ þæt hīe tō māran andġiete be·cumen.

Ǣlcum menn ġe·byreþ, þe ǣniġne gōdne cræft hæfþ, þæt hē þone dō nytne ōþrum mannum, and be·fæste þæt pund þe him God be·fæste sumum ōþrum menn, þæt Godes feoh ne
10 æt·licge and hē bēo lȳþre þēowa ġe·hāten and bēo ġe·bunden and ġe·worpen in·tō þēostrum, swā swā þæt hālġe god-spell sæġþ. Ġeongum mannum ġe·dafenaþ þæt hīe leornien sumne wīs-dōm, and þǣm ealdum ġe·dafenaþ þæt hīe tǣċen sum ġe·rād hiera ġeonglingum, for þǣm þe þurh lāre biþ se ġe·lēafa
15 ġe·healden. And ǣlċ mann þe wīsdōm lufaþ biþ ġe·sǣliġ, and sē þe nāwþer nyle ne leornian ne tǣċan, ġif hē mæġ, þonne ā·cōlaþ his andġiet fram þǣre hālgan lāre, and hē ġe·witt swā lȳtlum and lȳtlum fram Gode.

Hwanon sculon cuman wīse lārēowas on Godes folce, būtan
20 hīe on ġeogoþe leornien? And hū mæġ se ġe·lēafa bēon forþ-genġe ġif sēo lār and þā lārēowas ā·tēoriaþ? Is nū for þȳ Godes þēowum and mynster-mannum ġeorne tō wearnienne þæt sēo hālġe lār on ūrum dagum ne ā·cōliġe oþþe ā·tēoriġe, swā swā hit wæs ġe·dōn on Angelcynne nū for ānum fēam ġēarum, swā
25 þæt nān Englisc prēost ne cūþe dihtan oþþe ā·smēaġan ǣnne pistol on Lǣden, oþ þæt Dūnstān ærċe-biscop and Æþelwold biscop eft þā lāre on munuc-līfum ā·rǣrdon. Ne cweþe iċ nā for þȳ þæt þēos bōc mæġe miclum tō lāre fremian, ac hēo biþ swā·þēah sum anġinn tō ǣġþrum ġe·reorde, ġif hēo hwǣm līcaþ.

Iċ bidde nū on Godes naman, ġif hwā þās bōc ā·wrītan wile, 30
þæt hē hīe ġe·rihte wel be þǣre bȳsne; for þǣm þe iċ nāh
ġe·weald þēah hīe hwā tō wō ġe·bringe þurh lēase wrīteras, and
hit biþ þonne his pleoh, nā mīn. Miċel yfel dēþ se unwrītere,
ġif he nyle his wōh ġe·rihtan.

B. TO HIS TRANSLATION OF *GENESIS*

Ælfrīċ munuc grētt Æþelweard ealdormann ēaþ·mōdlīċe. Þū 35
bǣde mē, lēof, þæt iċ scolde þē ā·wendan of Lǣdene on Englisc
þā bōc *Genesis*. Þā þūhte mē hefiġ·tīeme þē tō tīþienne þæs,
and þū cwǣde þā þæt iċ ne þorfte nā māre ā·wendan þǣre bēċ
būtan tō Isaāce, Abrahāmes suna, for þǣm þe sum ōþer mann
þē hæfde ā·wend fram Isaāce þā bōc oþ ende. Nū þyncþ mē, 40
lēof, þæt þæt weorc is swīþe plēolīċ mē oþþe ǣngum menn tō
under-be·ġinnenne, for þǣm þe iċ on·drǣde, ġif sum dysiġ
mann þās bōc rǣtt oþþe rǣdan ġe·hīerþ, þæt hē wile wēnan
þæt hē mōte libban nū on þǣre nīwan ǣ swā swā þā ealdan
fæderas leofodon þā on þǣre tīde ǣr þǣm þe sēo ealde ǣ ġe·sett 45
wǣre, oþþe swā swā menn leofodon under Moyses ǣ. Hwīlum
iċ wiste þæt sum mæsse-prēost, sē þe mīn magister wæs on
þǣm tīman, hæfde þā bōc *Genesis*, and hē cūþe be dǣle Lǣden
under·standan. Þā cwæþ hē be þǣm hēah-fædere Iacobe þæt
hē hæfde fēower wīf, twā ġe·sweostor and hiera twā þīnena. 50
Full sōþ hē sæġde, ac hē nyste, ne iċ þā ġīet, hū miċel tō·dāl
is be·twix þǣre ealdan ǣ and þǣre nīwan.

Ġif hwā wile nū swā libban, æfter Crīstes tō-cyme, swā swā
menn leofodon ǣr Moyses ǣ oþþe under Moyses ǣ, ne biþ sē
mann nā crīsten, ne hē furþum wierþe ne biþ þæt him ǣniġ 55
crīsten mann mid ete. Þā unġelǣrdan prēostas, ġif hīe hwæt
lȳtles under·standaþ of þǣm Lǣden-bōcum, þonne þyncþ him
sōna þæt hīe magon mǣre lārēowas bēon, ac hīe ne cunnon
swā·þēah þæt gǣstlīċe andġiet þǣr·tō, and hū sēo ealde ǣ wæs
ġe·tācnung tō-weardra þinga, oþþe hū sēo nīwe ġe·cȳþnes 60
æfter Crīstes menniscnesse wæs ġe·fyllednes ealra þāra þinga
þe sēo ealde ġe·cȳþnes ġe·tācnode tōwearde be Crīste and be

his ġe·corenum. Prēostas sindon ġe·sette tō lārēowum þǣm
lǣwedan folce. Nū ġe·dafenode him þæt hīe cūþen þā ealdan
65 ǣ gāstlīċe under·standan, and hwæt Crīst self tǣhte and his
apostolas on þǣre nīwan ġe·cȳþnesse, þæt hīe mihten þǣm
folce wel wissian tō Godes ġe·lēafan, and wel bȳsnian tō gōdum
weorcum.

Nū is sēo fore·sæġde bōc on manigum stōwum swīþe nearo-
70 līċe ġe·sett, and þēah swīþe dēoplīċe on þǣm gāstlican andġiete;
and hēo is swā ġe·ende-byrd swā swā God self hīe ġe·dihte þǣm
wrītere Moyse, and wē ne durron nā māre ā·wrītan on Englisc
þonne þæt Lǣden hæfþ, ne þā endebyrdnesse ā·wendan, būtan
þǣm ānum, þæt þæt Lǣden and þæt Englisc nabbaþ nā āne
75 wīsan on þǣre sprǣċe fadunge. Æfre sē þe ā·went oþþe sē þe
tǣcþ of Lǣdene on Englisc, ǣfre hē sceal ġe·fadian hit swā
þæt þæt Englisc hæbbe his āgene wīsan, elles hit biþ swīþe
ġe·dwolsum tō rǣdenne þǣm þe þæs Lǣdenes wīsan ne cann.
Is ēac tō witenne þæt sume ġe·dwol-menn wǣron þe woldon
80 ā·weorpan þā ealdan ǣ, and sume woldon habban þā ealdan and
ā·weorpan þā nīwan, swā swā þā Iūdēiscan dōþ; ac Crīst self
and his apostolas ūs tǣhton ǣġþer tō healdenne, þā ealdan
gāstlīċe and þā nīwan sōþlīċe mid weorcum. God ġe·scōp ūs
twā ēagan and twā ēaran, twā nos-þȳrlu and twēġen weleras,
85 twā handa and twēġen fēt, and hē wolde ēac habban twā
ġe·cȳþnessa on þisse worulde ġe·sett, þā ealdan and þā nīwan;
for þǣm þe hē dēþ swā swā hine selfne ġe·wierþ, and hē nānne
rǣd-boran næfþ, ne nān mann ne þearf him cweþan tō: 'Hwȳ
dēst þū swā?' Wē sculon ā·wendan ūrne willan tō his ġe·set-
90 nessum, and wē ne magon ġe·bīeġan his ġe·setnessa tō ūrum
lustum.

Iċ cweþe nū þæt iċ ne dearr ne iċ nylle nāne bōc æfter þisse
of Lǣdene on Englisc ā·wendan; and iċ bidde þē, lēof ealdor-
mann, þæt þū mē þæs nā leng ne bidde, þȳ·lǣs þe iċ bēo þē
95 unġehīersum, oþþe lēas ġif iċ dō. God þē sīe milde ā on
ēċnesse.

KING EDMUND

Sum swīþe ġe·lǣred munuc cōm sūþan ofer sǣ fram sancte
Benedictes stōwe, on Æþelredes cýninges dæġe, tō Dūnstāne
ærċe-biscope, þrim ġēarum ǣr hē forþ·fērde, and se munuc
hātte Abbo. Þā wurdon hīe æt sprǣċe, oþ þæt Dūnstān reahte
be sancte Ēadmunde, swā swā Ēadmundes sweord-bora hit 5
reahte Æþelstāne cyninge, þā þā Dūnstān ġeong mann wæs,
and se sweordbora wæs for·ealdod mann. Þā ġe·sette se munuc
ealle þā ġe·reċednesse on ānre bēċ, and eft, þā þā sēo bōc cōm
tō ūs, binnan fēam ġēarum, þā ā·wendon wē hit on Englisc,
swā swā hit hēr·æfter stent. Se munuc þā Abbo binnan twǣm 10
ġēarum ġe·wende hām tō his mynstre, and wearþ sōna tō
abbode ġe·sett on þǣm ilcan mynstre.

Ēadmund se ēadiga, Ēast-engla cyning, wæs snotor and
weorþ-full, and weorþode simle mid æþelum þēawum þone
ælmihtigan God. Hē wæs ēaþ-mōd and ġe·þungen, and swā 15
ān-rǣd þurh·wunode þæt hē nolde ā·būgan tō bismer-fullum
leahtrum, ne on nāwþre healfe hē ne ā·hielde his þēawas, ac
wæs simle ġe·myndiġ þǣre sōþan lāre: 'Ġif þū eart tō heafod-
menn ġe·sett, ne ā·hefe þū þē, ac bēo be·twix mannum swā
swā ān mann of him.' Hē wæs cystiġ wǣdlum and widewum 20
swā swā fæder, and mid wel-willendnesse ġe·wissode his folc
simle tō riht-wīsnesse, and þǣm rēþum stīerde, and ġe·sǣliġ-
līċe leofode on sōþum ġe·lēafan.

Hit ġe·lamp þā æt nīehstan þæt þā Deniscan lēode fērdon
mid scip-here, herġiende and slēande wīde ġeond land, swā 25
swā hiera ġe·wuna is. On þǣm flotan wǣron þā fyrmestan
hēafodmenn Hinguar and Hubba, ġe·ānlǣhte þurh dēofol, and
hīe on Norþhymbra-lande ġe·lendon mid æscum, and ā·wēston
þæt land, and þā lēode of·slōgon. Þā ġe·wende Hinguar ēast
mid his scipum, and Hubba be·lāf on Norþhymbra-lande, 30
ġe·wunnenum siġe mid wæl-hrēownesse. Hinguar þā be·cōm

tō Ēast-englum rōwende on þǣm ġēare þe Ælfred æþeling ān
and twentiġ ġēara wæs, sē þe West-seaxna cyning siþþan wearþ
mǣre. And se fore-sǣgda Hinguar fǣrlīċe, swā swā wulf, on
35 land be·stealcode, and þā lēode slōg, weras and wīf and þā
unwittigan ċild, and tō bismere tūcode þā bile-witan crīstenan.
Hē sende þā sōna siþþan tō þǣm cyninge bēotliċ ǣrende, þæt
hē ā·būgan scolde tō his mann-rǣdenne, ġif hē rōhte his
fēores. Se ǣrend-raca cōm þā tō Ēadmunde cyninge, and
40 Hinguares ǣrende him arodlīċe ā·bēad: 'Hinguar ūre cyning,
cēne and siġefæst on sǣ and on lande, hæfþ fela lēoda ġe·weald,
and cōm nū mid fierde fǣrlīċe hēr tō lande, þæt hē hēr
winter-setl mid his werode hæbbe. Nū hǣtt hē þē dǣlan
þīne dīeglan gold-hordas and þīnra ieldrena ġe·strēon arodlīċe
45 wiþ hine, and þū bēo his under-cyning, ġif þū cwic bēon
wilt, for þǣm þe þū næfst þā miht þæt þū mæge him wiþ·stan-
dan.'

Hwæt þā Ēadmund cyning clipode ānne biscop þe him þā
ġe·hendost wæs, and wiþ hine smēade hū hē þǣm rēþan Hin-
50 guare andwyrdan scolde. Þā forhtode se biscop for þǣm fǣr-
lican ġe·limpe, and for þæs cyninges līfe, and cwæþ þæt him
rǣd þūhte þæt hē tō þǣm ġe·buge þe him bēad Hinguar. Þā
swigode se cyning, and be·seah tō þǣre eorþan, and cwæþ þā
æt nīehstan cyneliċe him tō: 'Ēalā þū biscop, tō bismere sind
55 ġe·tāwode þās earman land-lēode, and mē nū lēofre wǣre þæt
iċ on ġe·feohte fēolle, wiþ þǣm þe mīn folc mōste hiera eardes
brūcan.' And se biscop cwæþ: 'Ēalā þū lēofa cyning, þīn folc
līþ of·slæġen, and þū næfst þone fultum þæt þū feohtan mæge,
and þās flot-menn cumaþ, and þē cwicne ġe·bindaþ, būtan þū
60 mid flēame þīnum fēore ġe·beorge, oþþe þū þē swā ġe·beorge
þæt þū būge tō him.' Þā cwæþ Ēadmund cyning, swā swā hē
full cēne wæs: 'Þæs iċ ġe·wilniġe and ġe·wȳsce mid mōde, þæt
iċ āna ne be·līfe æfter mīnum lēofum þeġnum, þe on hiera
bedde wurdon mid bearnum and wīfum fǣrlīċe of·slæġene
65 fram þissum flotmannum. Næs mē nǣfre ġe·wuneliċ þæt iċ
worhte flēames, ac iċ wolde swīþor sweltan, ġif iċ þorfte, for
mīnum āgnum earde, and se ælmihtiga God wāt þæt iċ nylle

ā·būgan fram his bī-gengum ǣfre, ne fram his sōþan lufe, swelte iċ, libbe iċ.'

Æfter þissum wordum hē ġe·wende tō þǣm ǣrendracan þe 70
Hinguar him tō sende, and sæġde him unforht: 'Witodlīċe þū
wǣre wierþe sleġes nū, ac iċ nylle ā·fȳlan on þīnum fūlum
blōde mīne clǣnan handa, for þǣm þe iċ Crīste folgiġe, þe ūs
swā ġe·bȳsnode; and iċ blīþelīċe wille bēon of·slæġen þurh ēow,
ġif hit swā God fore·sċēawaþ. Far nū swīþe hraþe, and sæġe 75
þīnum rēþan hlāforde: "Ne ā·bȳhþ nǣfre Ēadmund Hinguare
on līfe, hæþnum here-togan, būtan hē tō Hǣlende Crīste ǣrest
mid ġe·lēafan on þissum lande ġe·būge." '

Þā ġe·wende se ǣrendraca arodlīċe on·weg, and ġe·mētte be
weġe þone wælhrēowan Hinguar mid ealre his fierde fūse tō 80
Ēadmunde, and sæġde þǣm ār-lēasan hū him ġe·andwyrd wæs.
Hinguar þā be·bēad mid bieldu þǣm sciphere þæt hīe þæs
cyninges ānes ealle cēpan scolden, þe his hǣse for·seah, and
hine sōna bindan.

Hwæt þā Ēadmund cyning, mid þǣm þe Hinguar cōm, stōd 85
innan his healle, þæs Hǣlendes ġe·myndiġ, and ā·wearp his
wǣpnu; wolde ġe·efenlǣċan Crīstes ġe·bȳsnungum, þe for·bēad
Petre mid wǣpnum tō winnenne wiþ þā wælhrēowan Iūdēiscan.
Hwæt þā ārlēasan þā Ēadmund ġe·bundon, and ġe·bismrodon
huxlīċe, and bēoton mid sāglum, and swā siþþan lǣddon þone 90
ġe·lēaffullan cyning tō ānum eorþ-fæstum trēowe, and tīeġdon
hine þǣr·tō mid heardum bendum, and hine eft swungon
langlīċe mid swipum; and hē simle clipode be·twix þǣm
swinglum mid sōþum ġe·lēafan tō Hǣlende Crīste; and þā
hæþnan þā for his ġe·lēafan wurdon wōdlīċe ierre, for þǣm 95
þe hē clipode Crīst him tō fultume. Hīe scuton þā mid gafe-
lucum, swelċe him tō gamenes, tō, oþ þæt hē eall wæs be·sett
mid hiera scotungum, swelċe īles byrsta, swā swā Sebastiānus
wæs. Þā ġe·seah Hinguar, se ārlēasa flotmann, þæt se æþela
cyning nolde Crīste wiþ·sacan, ac mid ānrǣdum ġe·lēafan hine 100
ǣfre clipode. Hēt hine þā be·hēafdian, and þā hæþnan swā
dydon. Be·twix þǣm þe hē clipode tō Crīste þā ġīet, þā tugon
þā hæþnan þone hālgan tō sleġe, and mid ānum swenġe slōgon

him of þæt hēafod, and his sāwol sīþode ġe·sǣliġ tō Crīste.
105 Þær wæs sum mann ġe·hende, ġe·healden þurh God be·hȳdd
þǣm hǣþnum, þe þis ġe·hīerde eall, and hit eft sæġde, swā
swā wē hit secgaþ hēr.

Hwæt þā se flot·here fērde eft tō scipe, and be·hȳddon þæt
hēafod þæs hālgan Ēadmundes on þǣm þiccum brēmlum, þæt
110 hit be·byrġed ne wurde. Þā æfter fierste, siþþan hīe ā·farene
wǣron, cōm þæt land·folc tō, þe þǣr tō lāfe wæs þā, þǣr hiera
hlāfordes līċ læġ būtan hēafde, and wurdon swīþe sārġe for his
sleġe on mōde, and hūru þæt hīe næfdon þæt hēafod tō þǣm
bodiġe. Þā sæġde se scēawere, þe hit ǣr ġe·seah, þæt þā flot·
115 menn hæfdon þæt hēafod mid him; and wæs him ġe·þūht, swā
swā hit wæs full sōþ, þæt hīe be·hȳdden þæt hēafod on þǣm
holte for·hwega.

Hīe ēodon þā ealle endemes tō þǣm wuda, sēċende ġe·hwǣr,
ġeond þȳflas and brēmlas, ġif hīe ā·hwǣr mihten ġe·mētan
120 þæt hēafod. Wæs ēac miċel wundor þæt ān wulf wearþ ā·send,
þurh Godes wissunge, tō be·werienne þæt hēafod wiþ þā ōþru
dēor ofer dæġ and niht. Hīe ēodon þā sēċende and simle
clipiende, swā swā hit ġe·wuneliċ is þǣm þe on wuda gāþ oft:
'Hwǣr eart þū nū, ġe·fēra?' And him andwyrde þæt hēafod:
125 'Hēr, hēr, hēr'; and swā ġe·lōme clipode andswariende him
eallum, swā oft swā hiera ǣniġ clipode, oþ þæt hīe ealle be·
·cōmon þurh þā clipunge him tō. Þā læġ se grǣga wulf þe
be·wiste þæt hēafod, and mid his twǣm fōtum hæfde þæt
hēafod be·clypped, grǣdiġ and hungriġ, and for Gode ne dorste
130 þæs hēafdes on·bierġan, ac hēold hit wiþ dēor. Þā wurdon hīe
of·wundrode þæs wulfes hierd·rǣdenne, and þæt hālġe hēafod
hām feredon mid him, þanciende þǣm Ælmihtigan ealra his
wundra. Ac se wulf folgode forþ mid þǣm hēafde, oþ þæt hīe
tō tūne cōmon, swelċe hē tam wǣre, and ġe·wende eft siþþan
135 tō wuda on·ġēan.

Þā landlēode þā siþþan leġdon þæt hēafod tō þǣm hālgan
bodiġe, and be·byriġdon hine swā hīe sēlest mihton on swelcre
hrædinge, and ċiriċan ā·rǣrdon sōna him on·uppan. Eft þā
on fierste, æfter fela ġēarum, þā sēo hergung ġe·swāc, and sibb

wearþ for·ġiefen þǣm ġe·swenċtan folce, þā fēngon hīe tō·gædre 140
and worhton āne ċiriċan weorþlīċe þǣm hālgan, for þǣm þe
ġe·lōme wundru wurdon æt his byrġenne, æt þǣm ġe·bed-
hūse þǣr hē be·byrġed wæs. Hīe woldon þā ferian mid folcli-
cum weorþ-mynde þone hālgan līchaman, and lecgan innan
þǣre ċiriċan. Þā wæs miċel wundor þæt hē wæs eall swā ġe·hāl 145
swelċe hē cwic wǣre, mid clǣnum līchaman, and his swēora
wæs ġe·hālod, þe ǣr wæs for·slæġen, and wæs swelċe ān seolcen
þrǣd ymbe his swēoran rēad, mannum tō sweotolunge hū hē
of·slæġen wæs. Ēac swelċe þā wunda, þe þā wælhrēowan hǣþ-
nan mid ġe·lōmum scotungum on his līċe macodon, wǣron 150
ġe·hǣlde þurh þone heofonlican God; and he līþ swā ansund
oþ þisne andweardan dæġ, andbīdiende ǣristes and þæs ēċan
wuldres. His līchama ūs cȳþþ, þe līþ unfor·molsnod, þæt hē
būtan for·liġre hēr on worulde leofode, and mid clǣnum līfe
tō Crīste sīþode.   155

Sum widewe wunode, Ōswyn ġe·hāten, æt þæs hālgan byr-
ġenne, on ġe·bedum and fæstennum manigu ġēar siþþan. Sēo
wolde efsian ǣlċe ġēare þone sanct, and his næġlas ċeorfan
sȳferlīċe mid lufe, and on scrīne healdan tō hāliġ-dōme on
wēofode. Þā weorþode þæt landfolc mid ġe·lēafan þone sanct, 160
and Þēodred biscop þearle mid ġiefum on golde and on seolfre,
þǣm sancte tō weorþmynde.

Þā cōmon on sumne sǣl unġesǣlġe þēofas eahta on ānre
nihte tō þǣm ār-weorþan hālgan: woldon stelan þā māþmas
þe menn þider brōhton, and cunnodon mid cræfte hū hīe inn 165
cuman mihten. Sum slōg mid slecge swīþe þā hæpsan, sum
hiera mid fēolan fēolode ymb·ūtan, sum ēac under·dealf þā
duru mid spade, sum hiera mid hlǣdre wolde on·lūcan þæt
ēag-þȳrel; ac hīe swuncon on īdel, and earmlīċe fērdon, swā
þæt se hālga wer hīe wundorlīċe ġe·band, ǣlcne swā hē stōd 170
strūtiende mid tōle, þæt hiera nān ne mihte þæt morþ ġe-
·fremman ne hīe þanon ā·styrian; ac stōdon swā oþ merġen.
Menn þā þæs wundrodon, hū þā weargas hangodon, sum on
hlǣdre, sum lēat tō ġe·delfe, and ǣlċ on his weorce wæs fæste
ġe·bunden. Hīe wurdon þā ġe·brōhte tō þǣm biscope ealle, 175

and hē hēt hīe hōn on hēam ġealgum ealle; ac hē næs nā
ġe·myndiġ hū se mild-heorta God clipode þurh his wītegan
þās word þe hēr standaþ: *Eos qui ducuntur ad mortem eruere ne
cesses,* 'Þā þe man lǣtt tō dēaþe ā·līes hīe ūt simle.' And ēac
180 þā hālgan canōnas ġe·hādodum for·bēodaþ, ġe biscopum ġe
prēostum, tō bēonne ymbe þēofas, for þǣm þe hit ne ġe·byreþ
þǣm þe bēoþ ġe·corene Gode tō þeġnienne þæt hīe ġe·þwǣr-
lǣcan scylen on ǣnġes mannes dēaþe, ġif hīe bēoþ Dryhtnes
þeġnas. Eft þā Þeodred biscop scēawode his bēc, hē siþþan
185 be·hrēowsode mid ġeōmrunge þæt hē swā rēþne dōm sette
þǣm unġesǣlgum þēofum, and hit be·sārgode ǣfre oþ his līfes
ende, and þā lēode bæd ġeorne þæt hīe him mid fæsten fullīce
þrīe dagas, biddende þone Ælmihtigan þæt hē him ārian
scolde.

190 On þǣm lande wæs sum mann, Lēofstān ġe·hāten, rīċe for
worulde and unwittiġ for Gode. Sē rād tō þǣm hālgan mid
rīċetere swīþe, and hēt him æt·ēowian orgellīċe swīþe þone
hālgan sanct, hwæþer hē ġe·sund wǣre; ac swā hraþe swā hē
ġe·seah þæs sanctes līchaman, þā ā·wēdde hē sōna, and wæl-
195 hrēowlīċe grymetode, and earmlīċe ġe·endode yflum dēaþe.
Þis is þǣm ġe·līċ þe se ġe·lēaffulla pāpa Gregōrius sæġde on his
ġe·setnesse be þǣm hālgan Laurentie, þe liþ on Rōme-byriġ,
þæt menn woldon scēawian simle hū hē lǣġe, ġe gōde ġe yfle;
ac God hīe ġe·stilde swā þæt þǣr swulton on þǣre scēawunge
200 āne seofon menn æt·gædre. Þā ġe·swicon þā ōþre tō scēawienne
þone martyr mid menniscum ġe·dwylde.

Fela wundra wē ġe·hierdon on folclicre sprǣċe be þǣm
hālgan Ēadmunde, þe wē hēr nyllaþ on ġe·write settan, ac hīe
wāt ġe·hwā. On þissum hālgan is sweotol, and on swelcum
205 ōþrum, þæt God ælmihtiġ mæġ þone mann ā·rǣran eft on
dōmes dæġ ansundne of eorþan, sē þe hielt Ēadmunde hālnè
his līchaman oþ þone miclan dæġ, þēah þe hē of moldan cōme.
Wierþe is sēo stōw for þǣm weorþfullan hālgan þæt hīe man
weorþiġe and wel ġe·lōgiġe mid clǣnum Godes þēowum tō
210 Crīstes þēow-dōme; for þǣm þe se hālga is mǣrra þonne menn
magon ā·smēaġan. Nis Angel-cynn be·dǣled Dryhtnes hāl-

gena, þonne on Engla-lande licgaþ swelċe hālgan swelċe þes
hālga cyning, and Cūþberht se ēadiga, and sancte Æþelþrȳþ
on Ēliġ, and ēac hiere sweostor, ansunde on līchaman, ġe·lēafan
tō trymminge. Sind ēac fela ōþre on Angelcynne hālgan, þe 215
fela wundra wyrċaþ, swā swā hit wīde is cūþ, þǣm Ælmihtigan
tō lofe, þe hīe on ġe·līefdon. Crīst ġe·sweotolaþ mannum þurh
his mǣran hālgan þæt hē is ælmihtiġ God þe macaþ swelċ
wundru, þēah þe þā earman Iūdēi hine eallunga wiþ·sōcen,
for þǣm þe hīe sind ā·wierġde, swā swā hīe wȳscton him selfum. 220
Ne bēoþ nān wundru ġe·worht æt hiera byrġennum, for þǣm
þe hīe ne ġe·līefaþ on þone lifiendan Crīst; ac Crīst ġe·sweotolaþ
mannum hwǣr se sōþa ġe·lēafa is, þonne hē swelċ wundru
wyrcþ þurh his hālgan wīde ġeond þās eorþan. Þæs him sīe
wuldor ā mid his heofonlican Fæder and þǣm Hālgan Gāste, 225
ā būtan ende. Amen.

FROM THE OLD ENGLISH TRANSLATION
OF BEDE'S *ECCLESIASTICAL HISTORY*

A. A DESCRIPTION OF BRITAIN

Breten is gār-secges īeġ-land, þæt wæs ġeō ġeāra Albion hāten:
is ġe·sett be·twix norþ-dǣle and west-dǣle, Germānie and
Gallie and Hispānie, þǣm mǣstum dǣlum Eurōpe, micle fǣce
on·ġēan. Þæt is norþ eahta hund mīla lang, and twā hund mīla
5 brād. Hit hæfþ fram sūþ-dǣle þā mǣġþe on·ġēan þe man hǣtt
Gallia Belgica. Hit is weliġ, þis īeġland, on wæstmum and on
trēowum missenlicra cynna, and hit is ġe·scrēpe on lǣswe
scēapa and nēata, and on sumum stōwum wīn-ġeardas grōwaþ.
Swelċe ēac þēos eorþe is berende missenlicra fugla and sǣ-
10 wihta, and fisc-wiellum wæterum and wiell-ġe·springum;
and hēr bēoþ oft fangene sēolas and hranas and mere-swīn, and
hēr bēoþ oft numene missenlicra cynna weoloc-sciella and
musculan, and on þǣm bēoþ oft ġe·mētte þā betstan mere-
grotan ǣlċes hīwes. And hēr bēoþ swīþe ġe·nyhtsume weolocas,
15 of þǣm biþ ġe·worht se weoloc-rēada telġ, þone ne mæġ ne sunne
blǣċan, ne ne reġen wierdan; ac swā hē biþ ieldra, swā hē
fæġerra biþ. Hit hæfþ ēac, þis land, sealt-sēaþas, and hit hæfþ
hāt wæter, and hāt baþu, ǣlcre ieldu and hāde þurh tō·dǣleda
stōwa ġe·scrēpe. Swelċe hit is ēac berende on wecga ōrum,
20 āres and īsernes, lēades and seolfres.

Wæs þis īeġland ēac ġeō ġe·weorþod mid þǣm æþelestum
ċeastrum, ānes wana þrītigum, þā þe wǣron mid weallum and
torrum and gatum and þǣm trumestum locum ġe·timbrode,
būtan ōþrum lǣssum ċeastrum unrīm. And for þǣm þe þis
25 īeġland under þǣm selfan norþdǣle middan-ġeardes nīehst līþ,
lēohta niht on sumera hæfþ; swā þæt oft on midre nihte ġe·flit
cymþ þǣm be·healdendum, hwæþer hit sīe þe ǣfen-glōmung
þe on morgen dagung: is on þǣm sweotol þæt þis īeġland hæfþ

micle lengran dagas on sumera, and swā ēac niht on wintra,
þonne þā sūþdǣlas middanġeardes.   30

On fruman ǣrest wǣron þisses īeġlandes bī-genġan Brettas
āne, fram þǣm hit naman on·fēng. Is þæt sǣġd þæt hīe cōmon
fram Armoricāno þǣre mǣġþe on Bretene, and þā sūþdǣlas
þisses īeġlandes him ġe·sǣton and ġe·āgnodon.

Þā ġe·lamp æfter þǣm þæt Peohta þēod cōm of Sciþia-lande 35
on scipum, and þā ymb·ærndon eall Bretene ġe·mǣru, þæt hīe
cōmon on Scotland ūp, and þǣr ġe·mētton Scotta þēode, and
him bǣdon setles and eardung-stōwe on hiera lande be·twix
him. Andswarodon Scottas þæt hiera land ne wǣren tō þæs
miċel þæt hīe mihten twā þēoda ġe·habban; ac cwǣdon: 'Wē 40
magon ēow sellan hālwende ġe·þeahte hwæt ġē dōn magon.
Wē witon heonan nāht feorr ōþer īeġland ēast-rihte, þæt wē
magon oft lēohtum dagum ġe·sēon. Ġif ġē þæt sēċan willaþ,
þonne magon ġē þǣr eardungstōwe habban, oþþe ġif hwelċ
ēow wiþ·stent, þonne ġe·fultumiaþ wē ēow.' Þā fērdon Peohtas 45
in Bretene, and on·gunnon eardian þā norþdǣlas þisses īeġ-
landes, and Brettas, swā wē ǣr cwǣdon, þā sūþdǣlas. Mid þȳ
Peohtas wīf næfdon, bǣdon him fram Scottum. Þā ġe·þafodon
hīe þǣre ārǣdnesse, and him wīf sealdon, þæt þǣr sēo wīse on
twēon cume, þæt hīe þonne mā of þǣm wīf-cynne him cyning 50
curen þonne of þǣm wǣpned-cynne, þæt ġīet tō·dæġ is mid
Peohtum healden.

Þā, forþ·gangenre tīde, æfter Brettum and Peohtum, þridde
cynn Scotta Bretene on·fēng on Peohta dǣle, þā wǣron cumene
of Hibernia, Scotta īeġlande, mid hiera here-togan, Reada 55
hātte; oþþe mid frēond-scipe oþþe mid ġe·feohte him selfum
be·twix hīe setl and eardungstōwe ġe·āgnodon, þā hīe nū ġīet
habbaþ. Þæt cynn nū ġeond tō·dæġ Dalreadingas wǣron
hātene.

Hibernia, Scotta īeġland, ġe on brǣdu his stealles, ġe on 60
hālwendnesse, ġe on smyltnesse lyfta, is betere micle þonne
Bretene land; swā þæt þǣr seldan snāw leng līþ þonne þrīe
dagas. And þǣr nǣniġ mann for wintres ċiele on sumera hīeġ
ne mǣwþ, ne scypenne his nēatum ne timbraþ; ne þǣr man

65 ǽniġne snīcendne wyrm ne ǽtrenne ne ġe·siehþ, ne þǽr ǽniġ
nǽdre libban ne mæġ. Is þæt īeġland weliġ on meolcum and
on huniġe, and wīnġeardas weaxaþ on sumum stōwum, and
hit is fiscwielle and fugolwielle, and mǽre on huntunge heorota
and rāna.

70 Wæs Bretene īeġland Rōmānum uncūþ oþ þæt Gāius se
cāsere, ōþre naman Iūlius, hit mid fierde ġe·sōhte and ġe·ēode
siextigum wintra ǽr Crīstes cyme.

B. THE CONVERSION OF NORTHUMBRIA

Þā se cyning þās word ġe·hīerde, þā andswarode hē him, and
cwæþ þæt hē ǽġþer ġe wolde ġe scolde þǽm ġe·lēafan on·fōn
75 þe hē lǽrde. Cwæþ hwæþre þæt hē wolde mid his frēondum
and mid his ealdormannum and mid his witum sprǽċe habban
and ġe·þeaht, gif hīe þæt þafian wolden þæt hīe ealle æt·samne
on līfes wielle Crīste ġe·hālgode wǽren. Þā dyde se cyning
swā hē cwæþ, and se biscop þæt ġe·þafode. Þā hæfde hē sprǽċe
80 and ġe·þeaht mid his witum, and synderlīċe wæs fram him
eallum friġnende hwelċ him þūhte and ġe·sewen wǽre þēos
nīwe lār and þǽre god-cundnesse bī-gang þe þǽr lǽred wæs.

Him þā andswarode his ealdor-biscop, Cēfi wæs hāten:
'Ġe·seoh þū, cyning, hwelċ þēos lār sīe, þe ūs nū bodod is.
85 Iċ þē sōþlīċe andette þæt iċ cūþlīċe ġe·leornod hæbbe, þæt
eallunga nāwiht mæġenes ne nytnesse hæfþ sēo ǽ-fæstnes þe
wē oþ þis hæfdon and be·ēodon. For þǽm nān þīnra þeġna
nēodlicor ne ġe·lust-fullicor hine ġe·þēodde on ūra goda bī-
gangum þonne iċ; and þēah maniġe sindon þe māran ġiefa and
90 frem-fulnessa æt þē on·fēngon þonne iċ, and on eallum þingum
māran ġe·syntu hæfdon. Hwæt iċ wāt, gif ūre godu ǽnġe miht
hæfden, þonne wolden hīe mē bet fultumian, for þǽm iċ him
ġeornlicor þēodde and hīerde. For þǽm mē þyncþ wīslīċ, gif
þū ġe·sēo þā þing beorhtran and strengran þe ūs nīwan bodod
95 sindon, þæt wē þǽm on·fōn.'

Þā þæs cyninges wita ōþer and his ealdormann ġe·þafunge
sealde, and tō þǽre sprǽċe fēng and þus cwæþ: 'Þyllīċ mē is

ġe·sewen, cyning lēofosta, þis andwearde līf manna on eorþan
tō wiþ·metennesse þǣre tīde þe ūs uncūþ is, swelċe þū æt
swǣsendum sitte mid þīnum ealdormannum and þeġnum on 100
winter-tīde, and sīe fȳr on·ǣled and þīn heall ġe·wiermed, and
hit rīne and snīwe and hagoliġe; and ān spearwa þanon ūtane
cume and hrædlīċe þā healle þurh·flēoge, and cume þurh ōþre
duru inn, þurh ōþre ūt ġe·wīte. Hwæt hē, on þā tīd þe hē inne
biþ, ne biþ hrinen mid þȳ storme þæs wintres; ac þæt biþ ān 105
ēagan-bearhtm and þæt lǣste fæc, ac hē sōna of wintre on
winter eft cymþ. Swā þonne þis manna līf tō med-miclum
fæce æt·īewþ; hwæt þǣr-be·foran gange, and hwæt þǣr·æfter
fylġe, wē ne cunnon. For þǣm gif þēos nīwe lār ā-wiht cūþlicre
and ġe·wisslicre bringe, þæs wierþe hēo is þæt wē þǣre fylġen.' 110
Þissum wordum ġe·līcum ōþre ealdormenn and þæs cyninges
ġe·þeahteras sprǣcon.

Þā wæs se cyning openlīċe andettende þǣm biscope and him
eallum þæt he wolde fæstlīċe þǣm dēofol-ġieldum wiþ·sacan,
and Crīstes ġe·lēafan on·fōn.   115

FROM 'ALEXANDER'S LETTER TO ARISTOTLE'

Hēt iċ þā ǣlcne mann hine mid his wǣpnum ġe·ġierwan and faran forþ, and þæt ēac fæstlīċe be·bēad þæt sē mann sē ne wǣre mid his wǣpnum æfter fierd-wīsan ġe·ġiered þæt hine man scolde mid wǣpnum ā·cwellan. Þā wundrodon hīe swīþe
5 for hwon hīe þā hefiġnesse and miċelnesse þāra wǣpna in swā miclum þurste beran scolden, þǣr nǣniġ fēond ne æt·īewde; ac iċ wiste hwæþre þæt ūre fōr and sīþ-fæt wæs þurh þā land and stōwa þe missenlicra cynna eardung in wæs nǣdrena and rīfra wildēora, and wē, þe þæs landes unglēawe and unwīse
10 wǣron, þæt ūs þonne semninga hwelċ earfoþe on be·cōme.

Fērdon wē þā forþ be þǣre ēa ōfre. Þā wæs sēo eahtoþe tīd dæġes, þā cōmon wē tō sumre byriġ. Sēo burg wæs on midre þǣre ēa in ānum īeġ-lande ġe·timbrod. Wæs sēo burg mid þȳ hrēode and trēow-cynne þe on þǣre ēa ōfre wēox, and
15 wē ǣr bī writon and sæġdon, ā·sett and ġe·worht. Þā ġe·sāwon wē in þǣre byriġ and on·ġēaton mennisce menn fēa healf-nacode eardiende. Þā hīe þā ūs ġe·sāwon, hīe selfe sōna in hiera hūsum dīegollīċe hīe miþon. Þā wilnode iċ þāra manna ansīene tō ġe·sēonne, þæt hīe ūs fersc wæter and swēte ġe·tǣhten.

20 Mid þȳ wē þā lange bidon and ūs nǣniġ mann tō wolde, þā hēt iċ fēa strǣla sendan in þā burg innan, tō þon, ġif hīe hiera willum ūs tō noldon, þæt hīe for þǣm eġe þæs ġe·feohtes nīede scolden. Þā wǣron hīe þȳ swīþor ā·fyrhte, and hīe fæstor hȳddon. Þā hēt iċ twā hund mīnra þeġna of Grēca heriġe
25 lēohtum wǣpnum hīe ġe·ġierwan, and hīe on sunde tō þǣre byriġ fōren and swummen ofer æfter þǣre ēa tō þǣm īeġlande. Þā hīe þā hæfdon fēorþan dǣl þǣre ēa ġe·swummen, þā be·cōm sum angrislicu wīse on hīe. Þæt wæs þonne nicora meniġu, on ansīene māran and unhīerlicran þonne þā elpendas, in þone
30 grund þǣre ēa and be·twix þā ȳþa þæs wæteres þā menn

be·senċte, and mid hiera mūþe hīe sliton and blōdgodon, and
hīe ealle swā for·nāmon þæt ūre nǣniġ wiste hwǣr hiera ǣniġ
cōm.

Þā wæs iċ swīþe ierre þǣm mīnum lād-þēowum þā ūs on
swelċe frēċennessa ġe·lǣddon; hēt hiera þā be·scūfan in þā ēa 35
ōþer healf hund, and sōna þæs þe hīe inne wǣron, swā wǣron
þā nicoras ġearwe. Tō·brugdon hīe swā hīe þā ōþre ǣr dydon;
and swā þicce hīe in þǣre ēa ā·wēollon swā ǣmettan, þā nicoras,
and swelċ unrīm hiera wæs. Þā hēt iċ blāwan mīne bīeman
and þā fierd faran.   40

  .   .   .   .   .

Siþþan wē þā þanon fērdon, þā wæs hit on seofon nihta fæce
þæt wē tō þǣm lande and tō þǣre stōwe be·cōmon þǣr Porrus
se cyning mid his fierde wīcode; and hē swīþe þæs landes
fæstennum trēowode þonne his ġe·feohte and ġe·winne.

Þā wilnode hē þæt hē mē cūþe and mīne þeġnas. Þā hē þæs 45
fræġn and āscode fram þǣm fērendum mīnra wīc-stōwa, þā
wæs þæt mē ġe·sæġd þæt hē wilnode mē tō cunnenne and mīn
werod. Þā ā·leġde iċ mīnne cyne-ġierelan, and mē mid uncūþe
hræġle and mid lȳþerliċe ġierelan mē ġe·ġierede, swelċe iċ
wǣre hwelċ folcliċ mann and mē wǣre metes and wīnes þearf. 50
Þā iċ wæs in þǣm wīcum Porres, swā iċ ǣr sæġde. Þā sōna
swā hē mē þǣr ġe·āscode, and him man sæġde þæt þǣr man
cumen wæs of Alexandres here-wīcum, þā hēt hē mē sōna tō
him lǣdan.

  Mid þȳ iċ þā wæs tō him ġe·lǣdd, þā fræġn hē mē and 55
āscode hwæt Alexander se cyning dyde, and hū-liċ mann hē
wǣre, and in hwelcre ieldu. Þā bismrode iċ hine mid mīnum
andswarum and him sæġde þæt hē for·ealdod wǣre, and tō
þæs eald wǣre þæt hē ne mihte elcor ġe·wearmian būtan æt
fȳre and æt glēdum. Þā wæs hē sōna swīþe glæd and ġe·fēonde 60
þāra mīnra andswara and worda, for þon iċ him sæġde þæt
hē swā for·ealdod wǣre, and þā cwæþ hē ēac: 'Hū mæġ hē,
lā, ǣnġe ġe·winne wiþ mē spōwan, swā for·ealdod mann? For
þon iċ eom mē self ġeong and hwæt!' Þā hē þā ġeornlicor mē
fræġn be his þingum, þā sæġde iċ þæt iċ his þinga fela ne 65

cūþe, and hine seldan ġe·sāwe, þone cyning, for þǣm þe iċ
wǣre his þeġnes mann and his ċēapes hierde and wǣre his
feoh-bīġenġa. Þā hē þās word ġe·hīerde, þā sealde mē ān ġe·writ
and ānne epistolan, and mē bæd þæt iċ hine Alexandre þǣm
70 cyninge ā·ġēafe, and mē ēac mēde ġe·hēt ġif iċ hit him ā·ġiefan
wolde; and iċ him ġe·hēt þæt iċ swā dōn wolde swā hē mē bæd.

Þā iċ þā þanon ġe·witen wæs, and eft cōm tō mīnum here-
wīcum, þā ǣġþer ġe ǣr þon þe iċ þæt ġe·writ rǣdde, ġe ēac
æfter þǣm, iċ wæs swīþe mid hleahtre on·styred. Hæfde iċ þā
75 þæs cyninges wīċ and his fæstennu ġe·scēawod þe hē mid his
fierde in ġe·faren hæfde.

IX

MEDICINAL RECIPES

A

Ðēos wyrt, þe man betonican nemneð, hēo biþ cenned on mǣd-
um and on clǣnum dūnlandum and on ġefriþedum stōwum.
Sēo dēah ġehwæþer ġe þæs mannes sāwle ġe his līchoman.
Hīo hyne scyldeþ wið unhȳrum nihtgenġum and wið eġeslicum
ġesihðum and swefnum; and sēo wyrt byþ swȳþe hāligu. And 5
þus þū hī scealt niman on Agustes mōnðe būtan īserne; and
þonne þū hī ġenumene hæbbe, āhryse þā moldan of, þæt hyre
nānwiht on ne clyfie, and þonne drīġ hī on sceade swȳþe þearle,
and mid wyrttruman mid ealle ġewyrċ tō dūste. Brūc hyre
þonne, and hyre byriġ þonne ðū beþurfe.   10

Ġif mannes hēafod tōbrocen sȳ, ġenim þā ylcan wyrte be-
tonican, scearfa hȳ þonne and gnīd swȳþe smale tō dūste.
Ġenim þonne twēga trymessa wǣġe, þiġe hit þonne on hātum
bēore. Þonne hālað þæt hēafod swȳðe hraðe æfter þām drince.

Wið ēagena sār, ġenim þǣre ylcan wyrte wyrttruman, sēoð 15
on wætere tō þriddan dǣle, and of þām wætere beþa þā ēagan;
and ġenim þǣre sylfan wyrte lēaf and brȳt hȳ, and leġe ofer
þā ēagan on þone andwlitan.

Wið ēarena sār, ġenim þǣre ylcan wyrte lēaf þonne hēo
grēnost bēo, wyl on wætere and wring þæt wōs, and siþþan 20
hyt ġestanden bēo, dō hit eft wearm and þurh wulle drype on
þæt ēare.

B

Wið þā bleġene, ġenim nigon ǣġra and sēoð hiġ fæste, and
nim þā ġeolcan and dō þæt hwīte aweġ; and mera ðā ġeolcan
on ānre pannan and wring þæt wōs ūt þurh ǣnne clāð. And 25
nim eall swā fela dropena wīnes swā ðǣra ǣġra bēo, and eall
swā fela dropena unhālgodes eles, and eall swā fela huniġes
dropena; and of finoles more eall swā fela dropena ġenim
þonne, and ġedō hit eall tōsomne and wring ūt þurh ǣnne
clāð, and syle þām menn etan. Him byð sōna sēl.   30

NOTES

References are to sections of the Grammar

I. FROM THE GOSPEL OF ST. MATTHEW

The text is based on MS. Corpus Christi College Cambridge 140, edited by W. W. Skeat, *The Holy Gospels in Anglo-Saxon* . . . (Cambridge, 1871–87).

1. ǣlċ þāra þe. For other examples of the 'partitive genitive' see § 86.   þās mīn word. § 89, end.   ġe·hīerþ. § 91, end.   þā. § 47.   biþ. § 92.

2. þǣm wīsan were. § 87 (1), end; § 89 (1).   sē. § 50.   ofer stān. § 96.   þā cōm. § 100 (2).

4. hit nā ne fēoll. § 97.

7. sē. § 47.

8. flōd is here neuter plural, as shown by the form of the verb. It is often masculine.

11. is ġe·worden. An over-literal rendering of the Latin *factum est*.

12. þā þā menn slēpon. § 92.

14. þā sēo wyrt wēox. § 100 (3).

15. hine is reflexive. § 45.

16. ne sēowe þū. § 98.

17. hē is masculine in agreement with the gender of *æcer*. § 84.

18. unhold mann. § 90.

18–19. gāþ, gadriaþ. The construction is irregular. Normal usage would require a *þæt*-clause with subjunctive—§ 94, B (2). This rendering is paratactic, lit. 'Do you wish? Shall we go and gather . . .?' hīe pl., inconsistently with the context.

20. ā·wyrtwalien. § 94, B (4).

21. secge. The sense is future. § 92.

23. tō for·bærnenne. § 95. Out of such active forms ('in order to burn it') developed the passive sense ('in order that it may be burnt') as in Mn.E. 'a house to let'.

25. hund scēapa. § 40.   ān of þǣm. *of*, lit. 'from', is often used in this partitive sense. Sometimes *of* alone implies 'some of', as l. 69 *of ēowrum ele* 'some of your oil'.

28. ġe·limpþ, fint. The verbs in the *gif*-clause and the clause dependent on it are indicative instead of subjunctive, because the event is not considered unreal. § 94, B (8), end.

32–3. ġe·wordenre ġe·cwidrǣdenne. A very stiff imitation of the ablative absolute of the original: *conuentione autem facta cum operariis* —§ 87 (2); þǣm wyrhtum is dative of the person affected—§ 87 (1).

36. ġā ġē. § 56; so also stande ġē l. 40.

37. þæt, 'that which'. § 50.

38. dyde þǣm swā ġe·līċe. The Latin has simply *fecit similiter*. The sense is 'did like to that' (i.e. like his former proceeding), the *swā* being pleonastic.

39. funde is the usual preterite of *findan*, abnormal in being a weak form when the rest of the verb is strong. § 64 (*a*).

40. ealne dæġ. § 85.

41. for þǣm þe. § 96, end.

43. wæs . . . ġe·worden. For periphrastic tenses with *wesan* see § 92.

48. scolden. For this and other uses of tenses in this passage (*worhton* l. 50, *bēoþ* l. 57) see § 92.

63. ne nāmon nānne ele. § 97.

66. man. § 51.

67. him tō·ġēanes. For the order see § 96.

69. of ēowrum ele. See note to l. 25 above.

72. ēow, 'for yourselves'. §§ 45, 87 (1).

74. æt nīehstan, 'at last, finally' (at the point of time nearest the telling). This is the regular meaning of the phrase.

75. þā ōþre. § 89, end.

79. sum mann. § 90, end.

84. fīfe. § 40.

90. cwæþ tō him. § 87 (1).

91. þū gōda þēow and ġe·trēowa. § 100.

94-5. iċ hæbbe ġe·strīened. § 92. Though the form is more specific the sense does not differ from that of *ġe·strīende* l. 90.

104-5. be·fæste, nāme. Cf. § 94, B (3, 8).

106. æt commonly indicates the source *at* which something is sought, and so is used where Mn.E. would require *from*.

108-9. him þyncþ. § 87 (1). hæbbe is subjunctive in what is virtually indirect speech, dependent on the verb 'seem'. § 94, B (1).

II. OLD TESTAMENT PIECES

A. is Genesis xxii in Ælfric's translation of the Heptateuch, MS. Cotton Claudius B. iv, edited by S. J. Crawford, *The Old English Heptateuch*, E.E.T.S. O.S. 160 (1921). B. and C. are from homilies by Ælfric, B. based on B.M. MS. Royal 7 C. xii, C. on MS. Bodley 342. They are edited from the Cambridge manuscript by B. Thorpe, *The Homilies of the Anglo-Saxon Church* (1844-6), i. 570 and ii. 432.

7. on þone þriddan dæġ. § 96.

8. tō scoldon. § 95, end.

9. ēow. A pleonastic reflexive dative like *him* l. 42. § 87 (1).

10. unc goes with ġe·biddenne; *ġe·biddan* in the sense 'say one's

prayers' is commonly accompanied by a reflexive pronoun, usually accusative.

14. **sīe.** § 94, B (1). **is** agrees with only the first part of the subject. § 91.

16. **him self.** § 45, end. In such constructions appears the origin of Mn.E. *himself*.

20. **wurde.** The subjunctive depends on the idea of intention in *wolde*.

25-6. **nū . . . nū.** These are correlative: 'now . . . now that', the second *nū* being virtually causal, 'since'.

29, 30. **ġe·hæft.** § 83.   **ā·hefde.** An occasional weak preterite of *-hebban*, which usually has *-hōf*. § 67.

36. **mīn eġe.** *mīn* is 'objective genitive'. § 86. **māre**, neuter, 'a greater thing', 'something more important'.

37. **blētsiġe.** *blētsian*, earlier *blēdsian*, is derived from *blōd* 'blood' (with mutation of the root-vowel). It evidently meant originally 'sprinkle with blood', and so, in heathen times, 'consecrate' by sprinkling with the blood of a sacrificial victim. It was early adapted to Christian use, like a number of other words of heathen religious application, and usually translates *benedicere*.

51. **him tō handum.** § 87 (1).

55. **scolden.** Cf. § 94, end.

68. **þǣr.** § 99, end. **ǣr.** For this expression of pluperfect sense see § 92.

74. **hēt inn weorpan.** Cf. § 95.

86. **ā·ēode.** Impersonal verbs are often used thus, without expressed subject; but *hit* as subject is also frequent, as *hit ġe·lamp* l. 84, and increases during the O.E. period.

94. **fram** here evidently means 'from', as commonly. It is also often used to indicate the agent in passive constructions.

96. **wite.** § 94, B (9).

108. **on his wiþ·metennesse.** § 86.

110. **wiþ·stande.** § 94, B (5).

113. **ġe·ēacnod.** A feminine singular without ending. § 29 (a).

III. SAMSON

From Ælfric's paraphrase of the Book of Judges, in MS. Laud Misc. 509, ed. Crawford, *Heptateuch*.

1. **wæs eardiende.** Cf. § 92, end.

7. **onġinþ tō ālīesenne** means virtually 'will liberate'; *onġinnan* is often used pleonastically in this way. See also § 95.

30. **āsende drincan.** After verbs of giving and the like this use of the infinitive of verbs of eating and drinking, with no object expressed, is regular.

35. **Gaza ġehāten.** § 83.

40–1. swā swā hīe belocenu wǣron, 'locked as they were'.

41. tō ufeweardum þǣm cnolle, 'to the upper part of the summit', so 'to the top of the hill'. § 82, under -weard.

42. ġesihþum. The use of singular or plural in expressing possessions or characteristics of a number of individuals often differs from Mn.E. idiom. Contrast VI, 64 note.

45. wæs, 'consisted'. For the mood see § 94, B (1).

50. ġeworhte. § 83. The dative ġeworhtum, agreeing with rāpum, would be regular. Perhaps the nominative is due to confusion with a relative construction: þe of sinum ġeworhte sind.

59–60. hēo lēt þā swā, 'she let it rest there'.

68. tō langre fierste. fierst is usually masculine (e.g. I, 87: æfter miclum fierste) but here feminine, as German Frist.

71. swelċe, 'on the ground that', 'because (as they said)'.

75. blīþost. § 83, end. hīe sume. § 86.

77. hēton. The plural is loosely used with reference to an obviously plural subject, though a singular verb, parallel with ġefette, would be correct; cf. § 91.

82. forþ is commonly used to strengthen mid in this way: 'along with (them)'. mā, the comparative adverb, is used as a noun-equivalent to mean 'more in number'.

IV. FROM THE CHRONICLE

The text is based on the Parker manuscript, ed. Plummer and Earle, *Two of the Saxon Chronicles Parallel* (Oxford, 1892). For a discussion of the early entries see F. M. Stenton, *Anglo-Saxon England* (Oxford, 1943), pp. 15 ff.

1. Hēr is the usual opening of each annal. It means 'at this point in the series', so virtually 'at this date'.

3. Wyrtġeorn is the regular development of an earlier O.E. *Wurtigern adapted from the British *Uortigern*.

4. Ypwinesflēot is apparently Ebbsfleet in Thanet.

8. Angle, dative singular of the noun *Angel*, the continental home of the Angles, probably essentially the same as Angeln, a district of modern Schleswig. hēton him sendan. him is reflexive: 'ordered a greater force to be sent to them'.

9. Bret-wēala. The second element, nom. sing. *Wealh*, meant 'Celt', thence 'foreigner' generally and 'Briton' specifically.

14. on West-seaxum. Cf. § 27.

20. Æglesþrep is thought to be an early, or alternative, name for Aylesford, Kent.

24. Crecganford, evidently Crayford.

32. Cerdices-ōra and Cerdices-ford l. 43 cannot be identified.

50. Ii. The modern form *Iona* arose from a misreading of the

adjective *Ioua* (*insula*); for details see Plummer, *Baedae Opera Historica*, ii. 127.

52. seofon and hundseofontiġ, though uninflected, is to be taken as agreeing with *wintra* as a genitive of description; cf. § 86.

58. hwæt, þæt. § 84.

64. wære. § 94, B (9).   þȳ ... þȳ. § 99.

66. Ecgbryhting. § 82.

68. hǽþne menn, Danes.

68–9. mid Defena-scīre, 'together with Devonshire', i.e. with the Devonshire *fierd*, the defence force in which all freemen were required to serve. Wicganbeorg is not certainly identified.

71. dux is written instead of *ealdormann*. So also *rex* sometimes occurs for *cyning*.   Sandwīċ, Sandwich.

74. fēorþe healf hund. § 41.

78. Āclēa would normally appear as *Oakley* in Mn.E., but the place is not identified.

80. heriġe. The Danish army is always so called in the Chronicle (not always elsewhere; cf. VI, 42, 80). The word *here*, presumably through its association with *herġian* 'harry', came to be applied only to a band of marauders. In the Laws, *here* is defined as a gang of thieves more than thirty-five in number. The English army is regularly called *fierd*, as ll. 76, 79, but a raiding fleet is *scip-here*, l. 138.

83. Norþ-wēalas, the Welsh of Wales, as distinguished from the *West-wēalas* of Cornwall.

84. ġehīersumode. The subject, *hē*, i.e. Burgred, is left unexpressed.

90. Tenet, Thanet.

94. Scēap-īeġe, Sheppey in Kent. The name means 'sheep island'.

102. Wintanċeastre, Winchester. The first element of the name is the Latinized British *Uenta* (*Belgarum*).

112. Humbre-mūþan, the mouth of the Humber.

113. Eoforwīc, York; an 'etymologizing' adaptation (*wic* = 'dwelling') of the British name seen in the Latin form *Eboracum*.

114–15. hæfdon ... āworpenne. § 92.

116. þǽm anticipates the following *þæt*-clause: 'they turned to (that, namely) fighting against the Danish army'; cf. § 99.

119. inne wurdon, 'got in'.

123. Snotingahām, Nottingham. -*hām* has no ending in the dative.

132. Hrofesċeastre, Rochester.

133. And hīe ..., i.e. the citizens.

139. Stūre, the Stour in Essex.

146. Siġene, the Seine.

V. PREFACES BY ÆLFRIC

A. from B.M. MS. Harley 107. J. Zupitza, *Ælfrics Grammatik und Glossar* (Berlin, 1880) follows MS. St. John's Coll. Oxford 154. B. excerpted from MS. Laud Misc. 509, ed. Crawford, *Heptateuch*.

Ælfric was educated at Winchester. He lived as a monk both there and at Cerne Abbas in Dorset, where he was master of the monastic school, before becoming abbot of Eynsham in 1005. The Grammar, and all his most important English works—homilies, lives of saints, translations from the Bible—were evidently written at Cerne between about 987 and 998.

1. **þās lȳtlan bōc**, Priscian's grammar.

3. **hundeahtatigum spellum**, Ælfric's two series of 'Catholic Homilies'.

11. **godspell**. The original form was evidently *gōd spell* 'good news', a translation of L. *bona adnuntiatio*, which in turn rendered Greek *euaggélion*. The first element was early confused with *gŏd* 'God', and the compound understood as 'divine story'. See further the *Oxford English Dictionary* (*O.E.D.*) under *Gospel*.

26. **Dunstan** was Bishop of Worcester and London before becoming Archbishop of Canterbury in 960. Æþelwold in 963 became Bishop of Winchester, where Ælfric was his pupil. These two men, with Oswald, Bishop of Worcester, were the leading figures in the revival of Benedictine monasticism in England in the reign of Edgar.

33. **unwrītere**. § 81, end.

35. **Æþelweard**, ealdormann of the western province of Wessex, was descended from the West Saxon royal house. He made a Latin version of the Anglo-Saxon Chronicle. Ælfric also dedicated to him his *Lives of Saints*.

36. **scolde**. § 94, end.

43. **rǣdan ġehīerþ**. § 95.

56-7. **hwæt lȳtles**. *lȳtles* is a partitive genitive depending on the indefinite *hwæt*, and the sense is 'any little thing'. The form *lȳtles hwæt* occurs first in Alfred's *Orosius*. It was idiomatic, and lasted for several centuries (see *O.E.D.* under *Little* B. 3. c. and *Little-what*).

62. **ġetācnode tōwearde**, 'signified as to come'.

VI. KING EDMUND

From B.M. MS. Cotton Julius E. vii, ed. Skeat, *Ælfric's Lives of Saints*, iv, E.E.T.S. O.S. 114 (1900).

This, like the other *Lives* and some other of Ælfric's works (e.g. the version of *Judges* from which III, *Samson*, is taken), is in alliterative prose; that is, the words are arranged in rhythmical groups bound together by alliteration after the manner of O.E. verse, but the range of rhythms is less restricted than in verse. The alliteration and the movement are clearly discernible:

Éadmund se éadiga   Éastengla cýning
wæs snótor and wéorþfull   and wéorþode símle
mid æþelum þéawum   þone ǽlmihtigan Gód

1. **sancte** is an English modification of the Latin gen. *sancti*.

sancte Benedictes stōwe, the monastery of Fleury-sur-Loire, so called because it claimed to possess the bones of St. Benedict, brought from their original burial-place at Monte Cassino. Fleury had much influence on the English Benedictine revival.

2–6. Edmund was killed in 869. Dunstan seems to have been born not later than 910, but the exact year is not known. He died in 988. Athelstan reigned from 924 to 939.

5. **sancte** here is the O.E. dative inflexion, *sanct* having been made into a noun.

31. **ġewunnenum siġe.** § 87 (2).

32–3. **ān and twentiġ ġeara.** § 86.

36. **bilewitan.** The second element is evidently the same as (*ġe*)*witt*; the first seems to be from a root meaning 'good, mild', seen in German *billig*. See *O.E.D.* under *Bilewhit*.

43–5. **hætt hē þē dǽlan . . . and þū bēo.** Notice the change of construction.

64. **bedde.** O.E. sometimes uses a singular noun in this way when the number of individual possessors is plural, but each has only one of the things in question; cf. VIII, 31, *mid hiera mūþe*.

66. **flēames.** This construction of *wyrċan* with genitive is frequent.

69. **swelte iċ, libbe iċ.** § 94, B (8).

80. **fūse.** The plural is no doubt meant to refer to Hinguar and his men together.

96–7. **scuton . . . tō.** This *tō* is adverbial, 'at (him)'.

137. **swā hīe sēlest mihton**, 'as best they could', 'as well as they could'. This construction, with superlative adverb next the verb, is the normal way of expressing such a qualification.

156. **sum widewe.** § 29 (a).

169–70. **swā þæt** here does not denote result, but is explanatory, 'in that'.

171. **strūtiende.** Abbo's *in ipso conamine* suggests 'struggle', a meaning of related German forms. But 'stand rigid', developed from an original sense 'stand out, project', would suit better. See *O.E.D.* under *Strut*, sb.¹, sb.², and v.¹ 4.

172. **hīe** is reflexive, as if the subject were plural.

173. **þæs** anticipates the *hū*-clause.

178. The reference is apparently to Proverbs xxiv. 11, the Vulgate text of which is *Erue eos qui ducuntur ad mortem*.

193. **hwæþer, &c.**, a second object of *ætēowian*: 'and whether . . .'.

199. swā þæt is used as in l. 169–70.

206. Ēadmunde is to be taken as 'dative of interest': 'who keeps Edmund's body whole'. See also § 94, B (7).

213. Cūþberht, the celebrated saint of Lindisfarne, went there from Melrose in 664, was consecrated bishop in 685, and died in 687.

214. Ēliġ, Ely. hiere sweostor, Seaxburg, who succeeded Æþel-þrӯþ as abbess of Ely, apparently in 679. They were daughters of Anna, king of the East Angles. sancte, a modification of *sancta*.

VII. THE O.E. TRANSLATION OF BEDE'S ECCLESIASTICAL HISTORY

A. is based on Cambridge University Library MS. Kk. 3. 18, B. on C.C.C. Cambridge MS. 41, both ed. J. Schipper in Grein's *Prosa* (Leipzig, 1897). A. is edited also by T. Miller, E.E.T.S. O.S. 95 (1890).

Bede finished his *Historia Ecclesiastica Gentis Anglorum* in 731. The O.E. translation was evidently made in Alfred's reign, probably under his auspices. Whether he himself wrote it is very doubtful.

3. micle fǣce. An instrumental of 'measure of difference'.

4. eahta hund . . . twā hund. § 85.

9–10. berende missenlicra fugla and . . . wæterum. A confused and unidiomatic rendering of the Latin: . . . *auium ferax terra marique generis diuersi; fluuiis quoque multum piscosis ac fontibus prae-clara copiosis.*

13. meregrotan. The word is taken from Latin (from Greek) *margarita*; but, by 'popular etymology', it has been modified by association with O.E. *mere* 'sea' and *grot* 'grain'.

22. ānes wana þrītigum, 'thirty less one'. In such expressions (which are not frequent and are confined to the tens less *one*) *wana* is an indeclinable adjective.

24. unrīm is to be taken as in apposition to *ċeastrum*. It is occasionally left undeclined in this way.

33. Armoricāno is taken directly from the Latin *de tractu Armori-cano*, i.e. Armorica, Brittany.

38. him reflexive, 'for themṣelves'. setles. § 86.

49. þǣre ārǣdnesse, 'on this condition', looking forward to the following *þæt*-clause.

66. meolcum. This strange use of the plural form in the dative of *meolc* is not uncommon.

74. ġe wolde ġe scolde, 'it was both his desire and his duty'.

77. ġif, '(to find out) whether'.

80–1. wæs . . . friġnende is an attempt to render the Latin *sciscita-batur*. ġesewen wǣre, another Latinism = *uideretur*.

110. þæs . . . þæt correlative.

VIII. FROM 'ALEXANDER'S LETTER'

'The Letter of Alexander the Great to Aristotle', which purports to give Alexander's own account of his adventures in the East, is a romantic fiction, composed in Alexandrian Greek, translated into Latin and widely known in the Middle Ages. It was evidently translated into O.E. in the tenth century, and copied into MS. Cotton Vitellius A. xv, where it immediately precedes *Beowulf*. Its style is flat and ungraceful, disfigured especially by the frequent use of pairs of near-synonyms to render a single Latin word; but it is valuable as a specimen of an early 'traveller's tale', showing an aspect of the literary interests of the Anglo-Saxons very little represented in surviving manuscripts. The latest edition is by S. Rypins, in E.E.T.S. O.S. 161 (1924).

2–3. **sē mann . . . þæt hine.** This kind of anacoluthon is frequent in this text; cf. ll. 9–10 *wē . . . þæt ūs.*

29. **māran . . . unhīerlīcran.** Regular syntax would require a genitive plural agreeing with *nicora*; but the nominative corresponds to *menigu*, and the plural to the idea of multitude.

36. **ōþer healf hund.** Cf. § 41.

43–4. **swīþe . . . þonne.** *swīþe* may be no more than a slip for *swīþor* (Latin *magis quam praelio*). But such constructions are not unknown elsewhere (esp. *Beowulf*, ll. 69–70), and perhaps the comparative idea is simply to be understood.

64. **mē self.** The construction is the same as that in II, 16, but has become virtually a compound simply emphasizing the subject.

68–9. **ġewrit . . . epistolan.** A particularly confusing use of English and Latin synonyms for the same thing.

IX. MEDICINAL RECIPES

A. from MS. Cotton Vitellius C. iii (first half of the eleventh century), B. from Titus D. xxvi (somewhat later). Both are edited in Cockayne's *Leechdoms* . . . (Rolls Series, 1864), i. 70 and 380.

The spelling of these two extracts has been left as it is in the manuscripts, in order to illustrate some of the characteristic features which distinguish the later language from the early West Saxon which is taken as the basis of the grammar in this book, and to which the other texts have been made to conform.

The most important difference lies in the use of *ȳ* instead of

(a) *īe* in *scyldeþ, unhȳrum* 4, *hyre* 7, 9, 10, *byriġ* 10, *sȳ* 11, *hȳ* 12, &c., *wyl* 20;

(b) *ī*, especially after *w* in *swȳþe* 5, 8, &c., and in words generally unstressed, as *hyne* 4, *hyt* 21, *byþ* 5, 30, but also in other positions, as *āhryse* 7, *clyfie* 8, *ylcan* 11, 19, *trymessa* 13;

(c) *e* in the group *sel-*, as *sylfan* 17, *syle* 30.

Conversely, *i* appears for earlier *y* before the palatal consonant in *driġ* 8. Earlier *ie* has become *ī* in *hī* 6, 7, 8, and the same sound is represented by *hiġ* 23. *Hīo* 4 for *hēo* appears in early texts also.

Before nasal consonants, *o* appears instead of *a* in *līchoman* 3, *tosomne* 29.

The vowels of some cases of the definite article have been analogically redistributed, as *þām* 14 for *þǣm*, and conversely *ðǣra* 26 for *þāra*.

The accusative *ǣnne* 25, with mutated vowel, instead of *ānne*, is frequent. In *aweġ* 24 original *on-* in unstressed position has been weakened to *a-*; and in *ǣġra* 23 earlier *-u* has similarly become *-a*.

GLOSSARY

The order is alphabetical (æ following *ad*, þ following *t*), except that words with the prefix *ġe-* are put in the order of the letter that follows the *ġe-*: *ġe-·bed* under *b*, *un-ġe-cynde* after *un-cūþ*, &c.

The prefix *ġe-* of some words is italicized. This indicates that, in the texts in this book, forms either with or without the prefix may occur, with no distinction of meaning.

The following abbreviations are used:

m., f., n., masculine, feminine, neuter (*noun* is implied).

a., g., d., i., accusative, genitive, dative, instrumental.

sg., pl., singular, plural.

aj. adjective; *av.* adverb; *prn.* pronoun; *num.* numeral; *cj.* conjunction; *prp.* preposition; *w.* with (case).

cp. comparative; *sp.* superlative; *indecl.* indeclinable; *correl.* correlative.

v. verb; *sv.* strong verb; *wv.* weak verb; *ppv.* preterite-present verb.

pret. preterite; *pres.* *pt.* present participle; *p. pt.* past participle; *sbj.* subjunctive.

tr. transitive; *int.* intransitive; *rfl.* reflexive; *impers.* impersonal.

The numbers after *sv., wv.* refer to the classes of the verbs in the Grammar.

Words in [ ] are Latin originals [*L.*] or cognate O.E. words.

A number at the end of an entry means that the word is treated in that section of the Grammar.

ā *av.* (for) ever.
abbod *m.* abbot [*L.* abbatem].
ā-·bēodan *sv.* 2 *w. d.* announce.
ā-·bītan *sv.* 1 devour.
ā-·blendan *wv.* 1 blind.
ā-·būgan *sv.* 2 bend, swerve, turn; submit.
āc *f.* oak.
ac *cj.* but; and.
ā-·cennan *wv.* 1 bear (child).
ā-·cōlian *wv.* 2 grow cold.
ā-·cwellan *wv.* 1 kill.
ā-·cwenċan *wv.* 1 extinguish.
ā-·drincan *sv.* 3 be drowned.
ǣ *f.* (*sg. indecl.*) law.
æcer *m.* field.
ǣ-fæst-nes *f.* religion.
ǣfen *mn.* evening.
ǣfen-glōmung *f.* twilight.
ǣfre *av.* ever, always.

æfter *av., prp. w. d.* after; according to, by; through.
ǣġ *n.* (*pl.* ǣgru) egg. 26.
ǣġ-hwelċ *prn.* each.
ǣġþer *prn.* either, each; both; *cj.* ǣġþer ġe . . . ġe both . . . and [= ǣġ-hwæþer].
ǣht *f.* property [āhte, āgan]. 18.
ǣlċ *prn. aj.* each, every, all. 51.
ǣl-mihtiġ *aj.* almighty.
ǣmette *f.* ant.
ǣniġ *prn. aj.* any [ān].
ǣr *prp. w. d., av., cj. w. sbj.* before (of time), formerly; *sp.* ǣrest *aj. and av.* first; ǣr þǣm þe, ǣr þon þe *cj.* before. 34, 92.
ǣrċe-biscop *m.* archbishop [*L.* archiepiscopus].
ǣrende *n.* errand, message. 16.
ǣrend-raca *m.* messenger.

ǽrest *see* **ǽr.**

ǽ-rist *mfn.* (rising up), resurrection [ārīsan].

ǽrne-merġen *m.* early morning.

æsc *m.* (ash-tree), warship.

æt *prp. w. d.* at; *deprivation* from; *specifying action* wurdon æt sprǽċe 'talked together'.

æt-·breġdan *sv.* 3 take (snatch) away.

æt-·ēowian *wv.* 2 *w. d.* show.

æt-·foran *prp. w. d.* in front of.

æt-·gædre *av.* together.

æt-·īewan *wv.* 1 *w. d.*, *tr.* show, *int.* appear [-ēowian]. 71.

æt-·licgan *sv.* 5 lie idle.

ætren *aj.* poisonous, venomous.

æt-·samne *av.* together, at once.

æþele *aj.* noble.

æþeling *m.* prince, noble.

ā-·faran *sv.* 6 go away, depart.

ā-·feallan *sv.* 7 fall down.

ā-·flieman *wv.* 1 put to flight, drive into exile [flēam].

ā-·fȳlan *wv.* 1 defile [fūl].

ā-·fyrht *aj.* frightened [*p. pt. of* āfyrhtan *from* forht].

āgan *ppv.* possess, own. 77.

ā-·ġān *v.* happen, befall.

āgen *aj.* own [*p. pt. of* āgan].

ā-·ġiefan *sv.* 5 *w. d.* give, give up, render, deliver.

ġe-·āgnian *wv.* 2 (make one's own), appropriate [āgen].

Agustus *m.* (*g.* Agustes) August [*L.*].

āh *see* **āgan.**

ā-·hebban *sv.* 6 raise, lift up.

ā-·hefde *wk. pret. of* āhebban.

ā-·hieldan *wv.* 1 incline, bend.

ā-·hrēosan *sv.* 2 fall (down).

ā-·hrissan *wv.* 1 shake off.

āhte, āhton *see* **āgan.**

ā-·hwǽr *av.* anywhere.

ā-·hȳrian *wv.* 2 hire.

ā-·lecgan *wv.* 1 lay down, put away.

ā-·līesan *wv.* 1 (loosen), release, liberate; redeem [lēas].

ā-·līesend *m.* redeemer. 82.

ān *aj. prn.* one (*always strong*); a certain (one); the same; only,

alone (*generally weak*); *g. pl. in* ānra ġehwelċ 'each one'. 38, 39, 51.

ān-cenned *aj.* (*p. pt.*) (only-born), only (child).

and *cj.* and.

and-bīdian *wv.* 2 *w. g.* await [bīdan].

andettan *wv.* 1 confess.

and-ġiet *n.* sense, meaning; understanding, intelligence.

and-swarian *wv.* 2 *w. d.* answer [andswaru]. 73.

and-swaru *f.* answer, reply [swerian]. 17.

and-weard *aj.* present.

and-wlita *m.* face.

and-wyrdan *wv.* 1 *w. d.* answer [word].

āne *av.* at once, at one time [ān].

Angel *n.* Angeln (in Schleswig).

Angel-cynn *n.* the English nation, England. 27.

an-ġinn *n.* beginning.

an-ġris-lić *aj.* terrible.

ā-·niman *sv.* 4 take away.

ġe-·ān-lǽcan *wv.* 1 unite, join together. 71.

ān-mōd *aj.* unanimous.

ān-mōd-līċe *av.* unanimously.

ān-rǽd *aj.* constant, resolute.

an-sīen *f.* face, appearance.

an-sund *aj.* sound, whole, uncorrupted.

an-weald *m.* rule, authority, power.

apostol *m.* apostle [*L.*].

ār[1] *f.* honour, grace; mercy. 17.

ār[2] *n.* copper.

ā-rǽd-nes *f.* condition, stipulation.

ā-·rǽran *wv.* 1 raise, build, build up [ārīsan].

ārian *wv.* 2 *w. d.* honour; spare, have mercy on [ār[1]].

ā-·rīsan *sv.* 1 arise.

ār-lēas *aj.* impious, wicked.

arn *see* **iernan.**

arod *aj.* quick, prompt; bold.

arod-līċe *av.* quickly, readily; boldly.

ār-weorþ *aj.* (worthy of honour), venerable.

āscian *wv.* 2 ask. 73.

ġe-·āscian *wv.* 2 hear of.

ā-·scūfan *sv.* 2 thrust.

ā-·sendan *wv.* 1 send.

ā-·settan *wv.* 1 set up, build.

ā-·smēaġan *wv.* 2 consider, think of; conceive; interpret.

assa *m.* ass.

ā-·streċċan *wv.* 1 stretch out, extend. 72.

ā-·styrian *wv.* 1 stir, move.

ā-·tēon *sv.* 2 draw, take out.

ā-·tēorian *wv.* 2 fail, fall away.

āþ *m.* oath. 13.

ā-·weallan *sv.* 7 swarm.

ā-·weċċan *wv.* 1 awake, rouse [wacian].

ā-·wēdan *wv.* 1 go mad [wōd].

ā-·wendan *wv.* 1 turn; change; translate.

ā-·weorpan *sv.* 3 throw, cast out; reject; depose (king).

ā-·werian *wv.* 1 defend.

ā-·wēstan *wv.* 1 lay waste, ravage.

ā-·wierġed *aj.* cursed, accursed [*p. pt. of* āwierġan *from* wearg].

ā-wiht *prn.* (aught), anything.

ā-·wrītan *sv.* 1 write; copy.

ā-·wyrtwalian *wv.* 2 root up [wyrt].

bæc *n.* back; under bæc 'behind'.

bæd, bǣde, bǣdon *see* biddan.

bær *see* beran.

bærnet *n.* burning. 15.

bǣron *see* beran.

bǣsten *aj.* of bast.

bæþ *n.* bath. 15.

bān *n.* bone. 15.

band *see* bindan.

baþu *see* bæþ.

be *prp. w. d.* about, concerning; according to; by, along, in.

bēad *see* bēodan.

beald *aj.* bold.

bearn *n.* child [beran]. 15.

bēatan *sv.* 7 beat. 68.

be-·bēodan *sv.* 2 *w. d.* command.

be-·byrġan *wv.* 1 bury.

bēċ *see* bōc.

be-·clyppan *wv.* 1 embrace, clasp.

be-·cuman *sv.* 4 come, arrive.

ġe-·bed *n.* prayer [biddan]. 15.

be-·dǣlan *wv.* 1 *w. g.* deprive of.

bedd *n.* bed.

be-·delfan *sv.* 3 (hide by digging), bury.

ġe-·bed-hūs *n.* oratory, chapel.

be-·fæstan *wv.* 1 commit, entrust.

be-·foran *prp. w. d.* before.

be-·gān *v.* practise, profess.

be-·gann *see* be-·ġinnan.

be-·ġeat *see* be-·ġietan.

bēġen *prn. aj.* both. 39.

be-·ġietan *sv.* 5 get, obtain. 66.

be-·ġinnan *sv.* 3 begin. 64.

be-·hātan *sv.* 7 *w. d.* promise.

be-·hēafdian *wv.* 2 behead [hēafod]. 81.

be-·healdend *m.* beholder, spectator.

be-·horsian *wv.* 2 deprive of horses.

be-·hrēowsian *wv.* 2 repent [hrēowan].

be-·hȳdan *wv.* 1 hide.

be-·lǣwan *wv.* 1 betray.

be-·lāf *see* be-·līfan.

be-·līefan *wv.* 1 believe.

be-·līfan *sv.* 1 remain [lāf]. 62.

be-·lūcan *sv.* 2 lock, close.

bend *mfn.* bond [bindan].

bēodan *sv.* 2 *w. d.* offer; command. 63.

bēon *v.* be. 78.

bēor *n.* beer.

beorg *m.* hill, mountain. 13.

ġe-·beorgan *sv.* 3 *w. d.* save, protect. 64.

beorht *aj.* (bright), fair, noble.

bēot-līċ *aj.* arrogant, threatening.

bēoton *see* bēatan.

be-·pǣċan *wv.* 1 deceive.

beran *sv.* 4 bear, carry. 65.

ġe-·beran *sv.* 4 bear (child); carry.

berende *aj.* fruitful, productive [*pres. pt. of* beran].

bern *n.* barn.
berstan *sv.* 3 burst. 64.
be-·sārġian *wv.* 2 lament, be sorry [sāriġ].
be-·scieran *sv.* 4 shear, cut off the hair of.
be-·scūfan *sv.* 2 thrust, throw.
be-·senċan *wv.* 1 *tr.* sink, submerge.
be-·sēon *sv.* 5 see, look.
be-·settan *wv.* 1 surround; set about, cover.
be-·stealcian *wv.* 2 go stealthily, steal.
be-·stelan *sv.* 4 *rfl.* go stealthily.
be-·swīcan *sv.* 1 deceive, betray.
bet *see* wel.
be-·tǣċan *wv.* 1 commit, entrust.
betera, betst *see* gōd.
betonica *f.* betony. [L.]
be-·twix *prp. w. a. d.* between, among; betwix þǣm þe *cj.* while.
be-·þearf *ppv.* need.
beþian *wv.* 2 foment.
be-·werian *wv.* 1 defend.
be-·witan *ppv.* watch over, have charge of.
bī *prp., stressed form of* be.
bīdan *sv.* 1 wait. 62.
biddan *sv.* 5 *w. a. of person and g. of thing* ask (for), beg, pray.
ġe-·biddan *sv.* 5 *often rfl.* pray.
ġe-·bīeġan *wv.* 1 turn; subject [būgan].
bieldu *f.* (boldness), arrogance [beald]. 20.
bīeme *f.* trumpet.
bierġan *wv.* 1 taste, eat.
biernan *sv.* 3 burn. 64.
bī-gang *m.* worship, observance.
bī-ġeng *m.* worship, observance.
bī-ġenġa *m.* inhabitant; keeper.
bile-wit *aj.* innocent [note on VI, 36].
ġe-·bindan *sv.* 3 bind. 64.
binnan *av.* inside; *prp. w. d.* in, within [= be-innan].
biscop *m.* bishop [L. episcopus].
biscop-sunu *m.* godson at confirmation.

bismer *nm.* insult, ignominy, shame; tō bismere 'with ignominy'.
bismer-full *aj.* shameful.
ġe-·bismrian *wv.* 2 treat with ignominy, insult; mock.
bist *see* bēon.
bītan *sv.* 1 bite. 62.
biþ *see* bēon.
blǣċan *wv.* 1 bleach.
blāwan *sv.* 7 blow. 68.
bleġen *f.* (blain), blister, ulcer.
blēow, blēowon *see* blāwan.
blētsian *wv.* 2 bless [II, 37, n.].
blētsung *f.* blessing.
bliss *f.* joy, gladness.
ġe-·blissian *wv.* 2 rejoice. 73.
blīþe *aj.* glad, merry. 29.
blīþe-līċe *av.* gladly. 35.
blōd *n.* blood.
blōdgian *wv.* 2 make bloody.
bōc *f.* book. 22.
ġe-·bōcian *wv.* 2 grant by charter [bōc].
bodian *wv.* 2 announce, preach [bēodan].
bodiġ *m.* body.
brād *aj.* broad.
brǣc, brǣcon *see* brecan.
brǣdu *f.* breadth [brād].
brǣġd *see* breġdan.
brēac *see* brūcan.
brecan *sv.* 4 break; storm, take (a city). 65.
breġdan *sv.* 3 pull. 64.
brēmel *m.* bramble.
brēotan *sv.* 2 break. 63.
Breten *f.* Britain. 27.
Brettas *m. pl.* the British (Celts).
Brettisc *aj.* British.
Bret-wealh *m.* Briton.
ġe-·bringan *wv.* 1 bring; bring forth. 72.
brogden *see* breġdan.
brōhte *see* bringan.
brōþor *m.* brother. 23.
brūcan *sv.* 2 *w. g.* enjoy; use; partake of, take. 63.
brugdon *see* breġdan.
brȳd *f.* bride. 18.
brȳd-ġuma *m.* bridegroom (*lit.* bride-man).

brȳtan *wv.* 1 crush, pound.
būan *wv.* 1 dwell.
būend *m.* dweller [būan]. 25.
bufan *prp. w. d. a.* over, above,
  on [= be-ufan].
ġe-·būgan *sv.* 2 bend, incline;
  submit. 63.
bunden, bundon *see* bindan.
burg *f.* fortified place; city [beor-
  gan]. 22.
burg-ġeat *n.* city-gate.
burston *see* berstan.
būtan *av.* outside; 2 *prp. w. d.*
  without, except; *cj.* unless [=
  be-ūtan].
bycġan *wv.* 1 buy. 72.
bȳhþ *see* būgan.
byrġan *wv.* 1 bury. 71.
byrġen *f.* tomb [byrġan].
ġe-·byrian *wv.* 1 be due, befit.
  71.
byriġ *see* burg.
byrst *f.* bristle.
byrþen *f.* burden [beran]. 17.
bȳsen *f.* example; model, exem-
  plar.
ġe-·bȳsnian *wv.* 2 set an ex-
  ample, instruct by example
  [bȳsen].
ġe-·bȳsnung *f.* example.

cǣġ *f.* key.
cann *see* cunnan.
canōn *m.* canon [*L.*].
Cant-wara-burg *f.* Canterbury
  [*g. of* Cant-ware].
Cant-ware *m. pl.* people of Kent
  [*L.* Cantia *and* ware]. 14.
cāsere *m.* emperor [*L.* caesar].
ċeafl *m.* jaw.
ċēap *n.* (purchase); cattle.
ċearf *see* ċeorfan.
ċeaster *f.* city [*L.* castra]. 17.
cēne *aj.* brave, bold.
cennan *wv.* 1 bear (child); pro-
  duce.
Cent *f.* Kent [*L.* Cantia].
Cent-land *n.* Kent.
ċeorfan *sv.* 3 cut. 64.
ċēosan *sv.* 2 choose. 63.
cēpan *wv.* 1 *w. g.* attend to, look
  out for.

ċiele *m.* cold.
ċiepan *wv.* 1 trade, sell [ċēap].
ċiepend *m.* seller [ċiepan].
ġe-·ċierran *wv.* 1 *int.* turn, re-
  turn; submit; *tr.* convert.
ċild *n.* child. 15, 26.
ċild-hād *m.* childhood. 82.
ċinn-bān *n.* jawbone.
ċiriċe *f.* church. 11.
clǣne *aj.* clean, pure.
clāþ *m.* cloth.
clawu *f.* claw.
clifian *wv.* 2 adhere.
clipian *wv.* 2 call, summon.
clipung *f.* calling.
cnapa *m.* (boy, youth), servant.
cnāwan *sv.* 7 know. 68.
cnēow *see* cnāwan.
cniht *m.* youth. 13.
cnoll *m.* top, summit.
coccel *m.* corn-cockle, tares.
cōm, cōmon *see* cuman.
coren *see* ċēosan.
cræft *m.* strength; skill; art,
  science; cunning.
crīsten *aj.* Christian.
ġe-·cuman *sv.* 4 come; cuman
  ūp 'land'. 65.
cunnan *ppv.* know; know how,
  be able. 77.
cunnian *wv.* 2 try, seek, test
  [cunnan].
curen, curon *see* ċēosan.
cūþ *aj.* known [*originally p. pt. of*
  cunnan].
cūþe, cūþon *see* cunnan.
cūþ-liċ *aj.* certain, evident.
cūþ-līċe *av.* certainly, for certain.
cwǣde, cwǣdon *see* cweþan.
cwæþ *see* cweþan.
cwealde *see* cwellan.
cweartern *n.* prison.
cweden *see* cweþan.
cwellan *wv.* 1 kill. 72.
cwēn *f.* queen. 18.
cweþan *sv.* 5 say, speak; name,
  call. 66.
cwic *aj.* alive.
cwide *m.* speech [cweþan]. 13.
ġe-·cwid-rǣden *f.* agreement.
cȳdde *see* cȳþan.
cyme *m.* coming [cuman].

cymþ *see* cuman.
cyne-bearn *n.* child of a royal house.
cyne-ġierela *m.* royal robe.
cyne-līċe *av.* like a king, royally.
cyne-rīċe *n.* kingdom.
cyne-stōl *m.* throne.
cyning *m.* king.
cynn *n.* race, people; kind.
cyre *m.* choice [ċēosan]. 13.
cyssan *wv.* 1 kiss. 70.
cyst *f.* excellence [ċēosan]. 18.
cystiġ *aj.* (excellent), charitable.
cȳþan *wv.* 1 make known, tell [cūþ]. 71.
ġe-·cȳþ-nes *f.* testament.

dǣd *f.* deed. 18.
dæġ *m.* day. 13.
dæġ-hwǣm-līċe *av.* daily.
dǣl *m.* part; be dǣle 'partly, to some extent'. 13.
dǣlan *wv.* 1 divide, share.
ġe-·dafenian *wv.* 2 *w. d.* befit.
dagas *see* dæġ.
dagung *f.* daybreak, dawn.
dēad *aj.* dead.
dēah *see* dugan.
dearr *ppv.* dare. 77.
dēaþ *m.* death.
Defena-scīr *f.* Devonshire.
ġe-·delf *n.* digging.
delfan *sv.* 3 dig. 64.
dēman *wv.* 1 judge [dōm]. 71.
Dene *m. pl.* Danes. 14.
Denisc *aj.* Danish.
dēofol *nm.* devil, the Devil [*L.* diabolus].
dēofol-ġield *n.* idol.
dēop *aj.* deep.
dēop-līċe *av.* deeply, profoundly.
dēor *n.* wild beast, animal. 15.
dēst, dēþ *see* dōn.
dīegol *aj.* secret, hidden.
dīegol-līċe *av.* secretly, in secret.
ġe-·dihtan *wv.* 1 arrange; draw up; compose, write; dictate [*L.* dictare].
disc-þeġn *m.* (dish-servant), steward.
dohtor *f.* daughter. 23.
dōm *m.* judgement, sentence.

domne *m.* lord [*L.* domine].
ġe-·dōn *v.* do; act; make; put. 80.
dorste *see* dearr.
draca *m.* dragon [*L.* draco].
dranc *see* drincan.
drēoriġ *aj.* sad, sorrowful.
drīfan *sv.* 1 drive. 62.
drinc *m.* drink.
drincan *sv.* 3 drink. 64.
dropa *m.* drop.
druncen *see* drincan.
drȳgan *wv.* 1 dry.
dryhten *m.* lord.
dryppan *wv.* 1 *tr.* drip [dropa].
dugan *ppv.* avail, be useful. 77.
dūn *f.* hill, down.
dūn-land *n.* downland.
durron *see* dearr.
duru *f.* door. 19.
dūst *n.* dust, powder.
ġe-·dwol-mann *m.* heretic.
ġe-·dwol-sum *aj.* misleading.
ġe-·dwyld *n.* error [ġedwol-].
dyde, dydon *see* dōn.
dyppan *wv.* 1 dip.
dysiġ *aj.* foolish.

ēa *f.* (*g. sg.* ēa) river.
ēac *av.* also; ēac swelċe 'also, moreover'.
ēacnian *wv.* 2 increase.
ēadiġ *aj.* (prosperous), blessed.
ēagan-bearhtm *m.* twinkling of an eye.
ēage *n.* eye. 11.
ēag-þȳrel *n.* (eye-hole), window.
eahta *num.* eight.
ēalā *interj.* oh!
eald *aj.* old; *cp.* ieldra. 29, 32.
ealdor *m.* chief, master, lord, prince. 13.
ealdor-biscop *m.* high priest.
ealdor-mann *m.* chief, officer, governor, nobleman.
Eald-seaxe *m. pl.* Old (i.e. Continental) Saxons.
eall *aj.* all.
eall *av.* quite, just; completely.
eall-nīwe *aj.* quite new.
eall-swā *av.* in the same way.
eallunga *av.* entirely.

ealu *n.* ale.

eard *m.* country, native land. 13.

eardian *wv.* 2 *int.* dwell, live; *tr.* inhabit. 73.

eardung-stōw *f.* dwelling-place.

ēare *n.* ear. 11.

earfoþe *n.* hardship, trouble.

earm¹ *m.* arm (of the body).

earm² *aj.* poor, wretched, despicable.

earm-līċe *av.* miserably, wretchedly.

earn *m.* eagle.

eart *see* wesan.

ēast *av.* eastwards.

Ēast-engle *m. pl.* East Anglians.

ēaste-weard *aj.* eastern, the east part of. 82.

Ēastran *f. pl.* Easter.

ēast-rihte *av.* eastwards.

Ēast-seaxe *m. pl.* East Saxons.

ēaþe-lič *aj.* insignificant, weak.

ġe-·ēaþ-mēdan *wv.* 1 humble [ēaþmōd].

ēaþ-mōd *aj.* humble.

ēaþ-mōd-līċe *av.* humbly.

ēċe *aj.* eternal.

ēċ-nes *f.* eternity.

ġe-·efen-lǣċan *wv.* 1 match, imitate.

efne *av.* behold!; indeed; just.

efsian *wv.* 2 cut the hair of.

eft *av.* again; afterwards, then; back.

eġe *m.* fear. 13.

eġes-lič *aj.* terrible, awful.

ēhtere *m.* persecutor.

elcor *av.* otherwise.

ele *m.* oil [*L.* oleum].

elles *av.* otherwise.

elpend *m.* elephant [*L.* elephant-].

el-þēodiġ-nes *f.* travel or living in foreign lands; exile.

ende *m.* end. 13.

ġe-·ende-byrdan *wv.* 1 set in order, arrange.

ende-byrd-nes *f.* order.

endemes *av.* together.

ġe-·endian *wv.* 2 end, die. 73.

endleofta *aj.* eleventh. 38.

engel *m.* angel [*L.* angelus]. 13.

Engla-land *n.* England [*g. pl. of* Engle]. 27.

Engle *m. pl.* Angles; the English [Angel]. 14.

Englisc *aj.* English; *n.* the English language [Engle].

ēode, ēodon *see* gān.

eom *see* wesan.

eorl *m.* nobleman. 13.

eornost-līċe *av.* in truth, indeed.

eorþ-būend *m.* dweller on earth, man.

eorþe *f.* earth. 11.

eorþ-fæst *aj.* firm in the earth.

ēow *see* þū.

ēower *prn. aj.* your, yours. 43, 46.

epistola *m.* letter [*L.*].

etan *sv.* 5 eat. 66.

ēþel *m.* native land. 13.

ġe-·fadian *wv.* 2 order, dispose, arrange.

fadung *f.* order, arrangement.

fæc *n.* space, interval.

fæder *m.* father. 23.

ġe-·fæġen *aj. w. g.* glad.

fæġer *aj.* beautiful.

fæġnian *wv.* 2 *w. g.* rejoice, be glad.

fǣmne *f.* virgin. 11.

fǣr *m.* (sudden) danger.

fǣr-lič *aj.* sudden. 29.

fǣr-līċe *av.* suddenly.

fæst *aj.* firm, fast.

fæstan *wv.* 1 fast.

fæste *av.* firmly, securely.

fæsten¹ *n.* fortification, fortress; stronghold [fæst]. 15.

fæsten² *n.* fast, fasting [fæstan].

fæst-līċe *av.* firmly; strictly, resolutely.

fæt *n.* vessel. 15.

fandian *wv.* 2 *w. g.* try, test; tempt [findan]. 73.

fangen *see* fōn.

faran *sv.* 6 go. 67.

ġe-·faran *sv.* 6 die.

fatu *see* fæt.

fēa *aj. pl.* few. 29.

ġe-·fēa m. joy. 11.
feaht see feohtan.
feallan sv. 7 fall. 68.
fēawe see fēa.
feax n. hair.
fela aj. indecl., usually w. g. many, much. 29.
feld m. field. 13.
fēng, fēngon see fōn.
feoh n. cattle; money, property. 15.
feoh-bīgenġa m. cattle-keeper.
feoh-ġe·hāt n. promise of money.
ġe-·feoht n. fight, fighting.
ġe-·feohtan sv. 3 fight. 64.
fēole f. file.
fēolian wv. 2 file.
fēoll, fēollon see feallan.
fēond m. enemy. 24.
ġe-·fēonde aj. joyful [pres. pt. of ġe·fēon 'rejoice'].
feorh nm. life. 13.
feorm f. (food), feast, banquet. 17.
feorr av. far. 34.
fēorþa aj. fourth. 38.
fēower num. four. 40.
ġe-·fēra m. companion [fōr]. 11.
fēran wv. 1 go, travel; fare [fōr].
fērend m. (traveller), soldier.
ferian wv. 1 carry [faran]. 71.
fersc aj. fresh.
fetian wv. fetch, bring. 74.
ġe-·fette see fetian.
fīend see fēond.
fierd f. army, militia; campaign [faran]. 18.
fierd-wīse f. campaign order.
fierlen aj. distant [feorr].
fierst mf. period, time.
fīf num. five. 40.
fīf-tiġ num. fifty.
findan sv. 3 (weak pret. funde) find. 64.
finol m. fennel.
fisc m. fish. 13.
fiscere m. fisherman. 13.
fisc-wielle aj. rich in fish.
flēam m. flight [flēon].
flēogan sv. 2 fly. 63.
flēon sv. 2 flee. 63.
flēot m. estuary.

flēotan sv. 2 float. 63.
ġe-·flīeman wv. 1 put to flight [flēam].
ġe-·flit n. dispute.
flōd mn. flood. 15.
flōr f. floor. 19.
flota m. fleet. 11.
flot-here m. army from a fleet, army of pirates.
flot-mann m. sailor, pirate.
flōwan sv. 7 flow. 68.
flugon see flēon.
flyht m. flight [flēogan].
fōda m. food. 11.
folc n. people, nation. 15.
folc-liċ aj. popular, public; common.
folġian wv. 2 w. d. follow; obey.
ġe-·fōn sv. 7 seize, take, capture; fōn tō 'take up, begin'; fōn tō rīċe 'come to the throne'; fēngon tōgædre 'joined together'. 68.
for prp. w. d. i., local before: for worulde 'in the eyes of the world'; causal for, because of, for the sake of: for Gode ne dorste 'for the fear of God . . .'; temporal before: nū for fēam ġearum 'a few years ago'; w. a. instead of, for. for þǣm, for þȳ av. therefore; for þǣm (þe) cj. because.
fōr[1] f. journey, march, expedition [faran].
fōr[2], fōron see faran.
for-·bærnan wv. 1 tr. burn (up).
for-·bēodan sv. 2 w. d. forbid.
for-·ċeorfan sv. 3 cut off.
ford m. ford. 13.
for-·dīlġian wv. 2 destroy.
for-·dōn v. destroy.
for-·ealdod aj. aged [p. pt. of forealdian 'grow old'].
fore-·sċēawian wv. 2 pre-ordain, appoint; provide.
fore-·secġan wv. 3 say before; se foresæġda 'the aforesaid'.
fore-·sprecan sv. 5 say before; se foresprecena 'the aforesaid'.
for-·ġiefan sv. 5 w. d. give, grant; forgive.
forht aj. afraid.

forhtian *wv.* 2 fear, be afraid of.
for- ·hwega *av.* somewhere.
for- ·lǣtan *sv.* 7 leave, abandon.
for- ·lēosan *sv.* 2 lose. 63.
for- ·liger *n.* fornication.
forma *aj. sp.* first. 34, 38.
for- ·niman *sv.* 4 carry off; destroy, devour.
for- ·sēon *sv.* 5 despise, scorn.
for- ·slēan *sv.* 6 cut through.
for- ·standan *sv.* 6 (stand before), protect, defend.
forþ *av.* forth, forwards, on, out; also.
forþ- ·fēran *wv.* 1 depart, die.
forþ- ·gān *v.* proceed, pass on.
forþ-genǧe *aj.* thriving, advancing.
for- ·weorþan *sv.* 3 perish, be lost.
fōt *m.* foot. 22.
frægn *see* friǧnan.
fram *prp. w. d.* from; *agent w. passive* by.
Francan *m. pl.* Franks.
Franc-land *n.* the land of the Franks, France.
frēcen-nes *f.* danger.
frem-ful-nes *f.* benefit.
fremian *wv.* 2 benefit, help.
ǧe- ·fremman *wv.* 1 perform, do, commit. 70, 71.
frēond *m.* friend. 24.
frēond-scipe *m.* friendship. 13.
friǧnan *sv.* 3 ask. 64.
friþ *m.* peace; friþ niman 'make peace'.
ǧe- ·friþian *wv.* 2 protect, shelter.
frōfor *f.* comfort. 17.
fruma *m.* beginning; on fruman 'at first'.
fugol *m.* bird. 13.
fugol-wielle *aj.* rich in birds.
fuhton *see* feohtan.
fūl *aj.* foul, impure.
full *aj. w. g.* full.
full *av.* entirely, very.
fullian *wv.* 2 baptize.
ful-līče *av.* fully.
fulluht *m.* baptism [fullian].
fultum *m.* help; forces, troops.
ǧe- ·fultumian *wv.* 2 *w. d.* help.

funde *see* findan.
furþum *av.* even.
fūs *aj.* (eager); hastening.
fylǧan *wv.* 1 *w. d.* follow.
fyllan *wv.* 1 fill, fulfil [full]. 70, 71.
ǧe- ·fylled-nes *f.* fulfilment.
fȳr *n.* fire.
fyrmest *aj. sp.* first, chief. 34.

ǧe- ·gadrian *wv.* 2 gather. 73.
gærs *n.* grass.
gǣþ *see* gān.
gafeluc *m.* spear, javelin.
gafol *n.* interest, profit.
gamen *n.* sport.
gān *v.* go. 80.
ǧe- ·gān *v.* gain, conquer. 81.
gangan, gangende *see* gān. 68, 80.
gār-secg *m.* ocean, sea.
gāst *m.* spirit; se hālga gāst 'The Holy Ghost'. 13.
gāst-līč *aj.* spiritual.
gāst-līče *av.* spiritually.
gatu *see* ǧeat.
ǧe *cj.* and; ǧe . . . ǧe both . . . and.
ǧē *see* þū.
ǧeaf, ǧeafe, ǧeafon *see* ǧiefan.
ǧealga *m.* gallows.
ǧēar *n.* year. 15.
ǧeāra *av.* formerly, of yore.
ǧeard *m.* enclosure, court. 13.
ǧearu *aj.* ready. 29.
ǧeat *n.* (*pl.* gatu) gate. 15.
ǧeō *av.* formerly; ǧeō ǧeāra 'long ago .
ǧeogoþ *f.* youth.
ǧeolca *m.* yolk.
ǧeōmrung *f.* grief, lamentation.
ǧeond *prp. w. a.* through, throughout; as far as, up to.
ǧeong *aj.* young. 32.
ǧeongling *m.* youth, child.
ǧeorn *aj.* eager.
ǧeorne *av.* eagerly, earnestly.
ǧeorn-līče *av.* zealously.
Germānia *f.* Germany. 27.
ǧiefan *sv.* 5 give. 66.
ǧiefta *f. pl.* marriage, wedding.
ǧiefu *f.* gift; grace (of God) [ǧiefan]. 17.

ġieldan *sv.* 3 pay. 64.
ġierela *m.* clothing; garment.
ġe-·ġierwan *wv.* 1 (prepare),
    equip, gird; dress [ġearu]. 71.
ġiet *av.* yet, still, further, be-
    sides; nū ġiet still, þā ġiet
    yet, as yet.
ġif *cj.* if.
glæd *aj.* glad. 29.
glēaw *aj.* prudent, wise.
glēd *f.* glowing coal; fire.
glenġan *wv.* 1 adorn; trim
    (lamp).
gnīdan *sv.* 1 rub, pound. 62.
god *m.* God; *nm.* god. 15.
gōd *aj.* good; *cp.* betera, *sp.*
    betst. 29, 30, 33.
god-cund-nes *f.* divinity; deity.
gōd-nes *f.* goodness. 17.
god-spell *n.* gospel [note on
    V, 11].
gold *n.* gold. 15.
gold-hord *m.* treasure.
gōs *f.* goose. 22.
grǣdiġ *aj.* greedy.
grǣġ *aj.* grey.
Grēcas *m. pl.* Greeks.
grēne *aj.* green.
grētan *wv.* 1 greet, salute.
grindan *sv.* 3 grind. 64.
grist-bitung *f.* gnashing of
    teeth.
grōwan *sv.* 7 grow. 68.
grund *m.* bottom.
grymetian *wv.* 2 roar, rage.
guma *m.* man. 11.
gylden *aj.* golden [gold].

habban *wv.* 3 have; take; get. 74.
ġe-·habban *wv.* 3 contain.
hād *m.* rank, order; sex.
ġe-·hādod *aj.* ordained, in or-
    ders, clerical [*p. pt. of* hādian
    'ordain'].
hæbbe *see* habban.
hæfde, -on, hæfþ *see* habban.
hæftan *wv.* 1 hold fast.
hæft-nīed *f.* subjection.
hǣlan *wv.* 1 heal, cure; save
    [hāl].
hǣlend *m.* Saviour. 25, 82.
hǣlu *f.* salvation [hāl].

hæpse *f.* hasp, fastening.
hǣs *f.* command. 18.
hǣte *f.* heat [hāt].
hǣtt *see* hātan.
hǣþ *f.* heath.
hǣþen *aj.* heathen [hǣþ].
hagolian *wv.* 2 hail.
ġe-·hāl *aj.* whole, uninjured. 29.
hālga *m.* saint [*weak form of*
    hāliġ].
ġe-·hālgian *wv.* 2 hallow, conse-
    crate.
hālian *wv.* 2 *int.* heal.
hāliġ *aj.* holy, sacred, conse-
    crated. 29.
hāliġ-dōm *m.* holy object, relic.
hālwende *aj.* salutary, useful.
hālwend-nes *f.* salubrity.
hām *m.* home. 13. *av.* home-
    (wards). 85.
hām-weard *av.* home(wards).
hand *f.* hand; side. 19.
hand-cweorn *f.* hand-mill.
hangian *wv.* 2 *int.* hang [hōn].
hāt *aj.* hot.
hātan *sv.* 7 command, order;
    call, name. 68, 95.
ġe-·hātan *sv.* 7 promise.
hātte *passive of* hātan. 53.
hē *prn.* he, it. 44.
hēafod *n.* head. 15.
hēafod-mann *m.* (head-man),
    ruler, captain.
hēah *aj.* high, exalted; *sp.*
    hīehst. 29, 32.
hēah-fæder *m.* patriarch.
healdan *sv.* 7 hold, keep; pre-
    serve, maintain; observe. 68.
healf *f.* half; side. 17.
healf *aj.* half. 41.
healf-nacod *aj.* half-naked.
hēa-liċ *aj.* exalted [hēah].
heall *f.* hall.
heard *aj.* hard; strong; severe.
hēawan *sv.* 7 hew. 68.
hebban *sv.* 6 raise, lift up. 67.
hefe *see* hebban.
hefe-liċ *aj.* heavy, severe.
hefel-þrǣd *m.* thread (for weav-
    ing).
hefiġ *aj.* heavy.
hefiġ-nes *f.* weight, burden.

hefiġ-tīeme *aj.* burdensome.

helpan *sv.* 3 help. 64.

ġe-·hende *aj. w. d.* near, at hand; intimate (with) [hand].

hēo *see* hē.

heofon *m.* heaven; *often in pl.*: heofona rīċe 'the kingdom of heaven'.

heofone *f.* heaven.

heofon-liċ *aj.* heavenly, of heaven.

hēold, hēoldon *see* healdan.

heonan *av.* hence, from here.

heorot *m.* hart, stag.

heorte *f.* heart. 11.

hēr *av.* here; hither; hēr-·æfter hereafter, after this.

here *m.* army, raiding force. 13.

here-hȳþ *f.* booty.

here-rēaf *n.* spoil, booty.

here-toga *m.* army-leader, general [toga *from* tēon].

here-wīċ *n. pl.* camp.

ġe-·hergian *wv.* 2 ravage, plunder [here]. 73.

hergung *f.* ravaging, pillage.

herian *wv.* 1 praise. 71.

heriġe *see* here.

hēt, hēton *see* hātan.

hete *m.* hatred. 13.

hīe *see* hē.

hīeġ *n.* hay.

hīehst *see* hēah.

hielt *see* healdan.

hiera *see* hē.

ġe-·hīeran *wv.* 1 hear; *w. d.* obey, follow. 70, 71, 81.

hierde *m.* shepherd, herdsman. 13.

hierd-rǣden *f.* guardianship. 17.

hiere *see* hē.

ġe-·hīer-sum *aj. w. d.* obedient, subject [hīeran]. 29.

ġe-·hīer-sumian *wv.* 2 *w. d.* obey; *tr.* make obedient.

ġe-·hīer-sum-nes *f.* obedience.

him, hine *see* hē.

hīred *m.* family, household.

his *see* hē.

hīw *n.* appearance, form; hue.

hlǣder *f.* ladder.

hlǣfdīġe *f.* lady [hlāf]. 11.

hlāf *m.* loaf; bread. 13.

hlāford *m.* lord, master [hlāf] 13.

hleahtor *m.* laughter.

hlēapan *sv.* 7 leap. 68.

hlȳdan *wv.* 1 make a noise, shout [hlūd 'loud'].

hnappian *wv.* 2 doze.

hōf *see* hebban.

holt *n.* wood.

hōn *sv.* 7 *tr.* hang [hangian]. 68.

horn *m.* horn.

ġe-·horsian *wv.* 2 provide with horses.

hrǣding *f.* haste, hurry.

hrǣd-līċe *av.* quickly.

hræġl *n.* dress, clothing.

hran *m.* whale.

hraþe *av.* quickly.

hrēod *n.* reed.

hrēosan *sv.* 2 fall. 63.

hrēowan *sv.* 2 *often impers. w. d.* rue, repent. 63.

hrīeman *wv.* 1 shout, cry out.

hrīnan *sv.* 1 touch. 62.

hrīþer *n.* head of cattle, ox.

hruron *see* hrēosan.

hrycg *m.* back.

hryre *m.* fall [hrēosan]. 13.

hū *av.* how.

hū-liċ *aj.* what kind of.

hund *n. w. g.* hundred. 38, 40.

hund·eahta-tiġ *num.* eighty.

hund·nigon-tiġ *num.* ninety.

hund·seofon-tiġ *num.* seventy.

hungriġ *aj.* hungry.

huniġ *n.* honey.

huntung *f.* hunting.

hūru *av.* especially; indeed.

hūs *n.* house. 15.

hux-līċe *av.* ignominiously, with insult.

hwā *prn. interrog.* who; *indef.* anyone, someone. 49, 51.

ġe-·hwā *prn.* everyone. 51.

hwǣl *m.* whale. 13.

hwǣm *see* hwā, hwæt.

hwǣr *av. cj.* where; swā hwǣr swā 'wherever'.

ġe-·hwǣr *av.* everywhere.

hwǣs *see* hwā, hwæt.

hwæt¹ *prn. interrog.* what; *indef.*
anything, something; *interj.* lo!
now, well. 49, 51.

hwæt² *aj.* vigorous; brave. 29.

hwæte *m.* wheat.

hwæþer *cj.* whether; hwæþer
þe *introduces a direct question.*

ge-·hwæþer *prn. aj.* either, each,
both; *cj.* gehwæþer ge ... ge
both ... and.

hwæþre *av.* however.

hwanon *av. cj.* whence.

hwelč *prn. aj. interrog.* which,
what, what kind of; *indef.*
any(one), some(one). 51.

ge-·hwelč *prn.* each, everyone.

hwīl *f.* while, time.

hwīlum *av.* formerly, once.

hwīt *aj.* white.

hwīte *n.* white (of egg).

hwon *instrumental of* hwæt: for
hwon why.

hwȳ *av.* why [*inst. of* hwæt].

hycgan *wv.* 3 think. 74.

hȳdan *wv.* 1 hide.

hȳrian *wv.* 2 hire.

ič *prn.* I. 42.

idel *aj.* idle; useless, vain; on
idel 'in vain'.

ieg *f.* island.

ieg-land *n.* island.

ieldan *wv.* 1 delay, be late [eald].

ielde *m. pl.* men. 14.

ieldra *see* eald.

ieldran *m. pl.* ancestors [ieldra].
11.

ieldu *f.* age. 20.

ierfe-numa *m.* heir, successor.

iernan *sv.* 3 run, flow. 64.

ierre *aj.* angry.

il *m.* hedgehog.

ilca *aj.* same (*always with def. art.
or demons., and so weak*).

in *prp. w. d. a.* in; into. 96.

inn *av.* in (*of motion*).

innan *prp. w. d. a.* within, in;
into; *av.* within.

inne *av.* within, inside; *prp.*
(*after relative* þe) in.

in-tō *prp. w. d.* into.

Iotan *m. pl.* Jutes.

is *see* wesan.

isern *n.* iron.

itst *see* etan.

Iūdēas, Iūdēi *m. pl.* Jews.

Iūdēisc *aj.* Jewish; þā Iūdēiscan
'the Jews'.

lā *interj.* oh! lā lēof 'sir'.

lāc *n.* gift; offering, sacrifice.

lād-þēow *m.* guide [lǣdan].

ge-·lǣččan *wv.* 1 seize; catch. 71.

ge-·lǣdan *wv.* 1 lead; carry,
bring, take. 71.

Lǣden *n.* Latin [*L.* latinum].

Lǣden-bōc *f.* Latin book.

lǣg, lǣge, lǣgon *see* licgan.

lǣran *wv.* 1 *w. double a.* teach,
educate [lār].

ge-·lǣred *aj.* learned [*p. pt. of*
lǣran].

lǣs *f.* (*g. d.* lǣswe) pasture. 17.

lǣssa, lǣst *see* lȳtel.

lǣtan *sv.* 7 let; leave. 68.

lǣwede *aj.* lay; unlearned.

lāf *f.* remnant, remains; tō lāfe
bēon 'to remain, be left' [(be)-
lifan]. 17.

lamb *n.* lamb. 26.

ge-·lamp *see* ge-·limpan.

land *n.* land, country. 15.

land-folc *n.* people of a country.

land-lēode *m. pl.* people of a
country.

lang *aj.* long; *cp.* lengra. 32.

lange *av.* long, for a long time;
cp. leng. 36.

lang-līče *av.* for a long time.

lār *f.* teaching; doctrine. 17.

lārēow *m.* teacher [lār *and* þēow].

late *av.* late.

ge-·laþian *wv.* 2 invite.

lēad *n.* lead.

lēaf *n.* leaf.

ge-·lēafa *m.* belief, faith. 11.

ge-·lēaf-full *aj.* believing, pious,
devout.

lēah *m.* clearing; wood.

leahtor *m.* vice, sin, crime.

lēas *aj.* false, untruthful; *in com-
position* -less.

lēat *see* lūtan.

lecgan *wv.* 1 lay [licgan]. 71.

ġe-·lendan *wv.* 1 go; land [land].
leng *see* lange.
lengra *see* lang.
lēo *mf.* lion, lioness [L.]. 11.
lēod *f.* nation, people.
lēode *m. pl.* people. 14.
lēof *aj.* dear, beloved; pleasant;
    mē lēofre wǣre 'I would rather'
    [lufu]. 31.
leofaþ, leofode *see* libban.
lēoht¹ *aj.* light, bright, clear.
lēoht² *aj.* light (in weight).
lēoht-fæt *n.* (light-vessel), lamp.
leornian *wv.* 2 learn. 73.
lēt, lēton *see* lǣtan.
libban *wv.* 3 live. 74.
līċ *n.* body, corpse. 15.
ġe-·līċ *aj. w. d.* like.
ġe-·līċe *av.* likewise, in like
    manner, alike, equally.
licgan *sv.* 5 lie. 66.
līc-hama *m.* body.
līcian *wv.* 2 *w. d.* please.
ġe-·līefan *wv.* 1 believe [ġe-
    lēafa]. 71.
līf *n.* life.
ġe-·limp *n.* event, emergency.
ġe-·limpan *sv.* 3 happen. 64.
līþ *see* licgan.
loc *n.* lock, bar.
locc *m.* lock of hair.
locen *see* lūcan.
lof *n.* praise, glory.
ġe-·lōgian *wv.* 2 place; occupy,
    settle, furnish.
ġe-·lōm *aj.* frequent.
ġe-·lōme *av.* often.
losian *wv.* 2 *w. d.* be lost; him
    losaþ 'he loses' [(for)lēosan].
    73.
lūcan *sv.* 2 close, lock, fasten.
    63.
lucon *see* lūcan.
lufian *wv.* 2 love. 73.
lufu *f.* love [lēof]. 17.
Lunden-burg *f.* London [L.
    Lundonia].
lust *m.* desire; pleasure.
ġe-·lust-ful-līċe *av.* gladly,
    heartily.
lūtan *sv.* 2 bend, stoop. 63.
lyft *f.* air; *pl.* climate. 18.

lyre *m.* loss. 13.
lȳt *av.* little. 37.
lȳtel *aj.* little; *cp.* lǣssa, *sp.*
    lǣst. 33.
lȳtlum *av.* little by little [*d. of*
    lȳtel].
lȳþer-liċ *aj.* bad, poor, mean.
lȳþre *aj.* bad, wicked.

mā *indecl.* more [*cp. of* micle].
macian *wv.* 2 make, do. 73.
mǣd *f.* (*g. d.* mǣdwe) meadow.
    17.
mæġ *ppv.* can, am/is able. 77.
mæġen *n.* strength, capacity;
    virtue [mæġ].
mǣġþ *f.* family; tribe, nation;
    generation.
ġe-·mǣne *aj.* common; him ġe-
    mǣnne 'between them'.
mǣre *aj.* famous, glorious, great
    (*metaphorically*). 31.
ġe-·mǣre *n.* border; territory.
mǣrsian *wv.* 2 extol, celebrate
    [mǣre].
mǣrþu *f.* glory [mǣre].
mæsse *f.* mass [L. missa]. 11.
mæsse-prēost *m.* mass-priest.
mǣst *see* miċel.
māwþ *see* māwan.
magister *m.* master, teacher
    [L.].
magon *see* mæġ.
man *indef.* one [mann]. 51.
mān *n.* wickedness.
mān-dǣd *f.* evil deed, sin,
    crime.
mān-full *aj.* wicked, evil.
maniġ *aj.* many. 29.
ġe-·maniġ-fieldan *wv.* 1 multi-
    ply.
mann *m.* man; person. 22.
manna *m.* man.
mann-rǣden *f.* allegiance.
māra *see* miċel.
martyr *m.* martyr [L.].
māþm *m.* treasure. 13.
māþm-fæt *n.* precious vessel.
māwan *sv.* 7 mow. 68.
mē *see* iċ.
mearc *f.* boundary. 17.
mēd *f.* reward, pay.

med-miċel *aj.* small, short.
meniġu *f.* multitude. 20.
menn *see* mann.
mennisc *aj.* human [mann].
mennisc-nes *f.* incarnation.
meolc *f.* milk.
mere-ġrota *m.* pearl [*L.* margarita].
mere-swīn *n.* porpoise.
merġen *m.* morning [morgen].
merian *wv.* 2 purify, clarify.
metan *sv.* 5 measure. 66.
ġe-·mētan *wv.* I meet; find [ġemōt]. 70.
mete *m.* (*pl.* mettas) food. 13.
miċel *aj.* great, much; *cp.* māra, *sp.* mǣst. 29, 33.
miċel-nes *f.* size, bulk.
micle *av.* greatly, much, (by) far; *cp.* mā more, rather.
miclum *av.* greatly, much [*d. of* micel].
mid *prp. w. d. i.* with; by means of; mid þǣm þe, mid þȳ *cj.* when, as; since.
midd *aj.* mid, middle.
middan-ġeard *m.* world [*lit.* 'middle enclosure'].
Middel-engle *m. pl.* Middle Angles.
Mierċe *m. pl.* Mercians [mearc]. 14.
miht *f.* might, strength, power; virtue [mæġ]. 18.
mihte, mihton *see* mæġ.
mihtiġ *aj.* mighty, strong.
mīl *f.* mile [*L.* milia (passuum)].
milde *aj.* (mild), merciful.
mild-heort *aj.* (mild-hearted), merciful.
mīn *prn. aj.* my, mine. 42, 46.
missen-līċ *aj.* various, diverse.
mīþan *sv.* 1 hide. 62.
mōd *n.* heart, mind, spirit. 15.
mōdiġ *aj.* proud.
mōdiġ-nes *f.* pride.
mōdor *f.* mother. 23.
molde *f.* (mould), earth.
mōna *m.* moon. 11.
mōnaþ *m.* (*pl.* mōnaþ) month [mōna]. 13.
mōr *m.* moor, waste land.

morgen *m.* morning.
morþ *n.* violent deed, crime.
moru *f.* root.
mōste *see* mōt.
mōt *ppv.* may. 77.
ġe-·mōt *n.* meeting. 15.
ġe-·munan *ppv.* remember. 77.
munt *m.* mountain, hill [*L.* montem].
munuc *m.* monk [*L.* monachus].
munuc-līf *n.* (monastic life), monastery.
murcnian *wv.* 2 grumble, complain.
murnan *sv.* 3 mourn. 64.
mūs *f.* mouse. 22.
muscule *f.* mussel [*L.* musculus].
mūþ *m.* mouth.
mūþa *m.* mouth of a river, estuary [mūþ]. 11.
ġe-·myndiġ *aj. w. g.* mindful.
mynetere *m.* money-changer [mynet 'coin' *from L.* moneta].
mynster *n.* monastery [*L.* monasterium]. 15.
mynster-mann *m.* monk.

nā *av.* not, no [= ne ā].
nabban = ne habban.
nǣdre *f.* adder, snake. 11.
nǣfde, nǣfst, nǣfþ = ne hæfde, etc.
nǣfre *av.* never [= ne ǣfre].
næġel *m.* nail (in both senses). 13.
nǣniġ *prn. aj.* none, no [= ne ǣniġ].
næs = ne wæs.
nāh = ne āh.
nāht, nān-wiht, nā-wiht *prn. w. g.* (naught), nothing; *av.* not (at all).
nāht-nes *f.* worthlessness.
nam *see* niman.
nama *m.* name. 11.
nāme, nāmon *see* niman.
nān *prn. aj.* none, no [= ne ān].
nān-wiht, nā-wiht *see* nāht.
nāt = ne wāt.
nāwþer *prn.* neither; *cj.* nāwþer ne . . . ne neither . . . nor [= ne āhwæþer ('either')].

ne *av.* not; *cj.* nor; **ne . . . ne** neither . . . nor.

nēah *av.* (*aj. in cp. and sp.*) near; *sp.* **nīehst**: æt nīehstan 'at last'. 34.

nearo-līċe *av.* (narrowly), briefly, summarily.

nearu *aj.* narrow.

nēat *n.* beast; *pl.* cattle.

nēa-wist *fm.* neighbourhood [nēah, wesan].

nemnan *wv.* 1 name, call [nama]. 71.

nēod-līċe *av.* carefully, diligently.

nerian *wv.* 1 save. 71.

nese *av.* no.

nicor *m.* water-monster; hippopotamus.

nīed *f.* necessity. 18.

nīede *av.* of necessity, by compulsion.

nīedunga *av.* of necessity.

nīehst *see* nēah.

nīeten *n.* animal, beast [nēat].

nigon *num.* nine.

nigon-tēoþa *aj.* nineteenth.

nigoþa *aj.* ninth.

niht *f.* night. 22.

niht-ġenga *m.* night-prowler.

ġe-·niman *sv.* 4 take, capture; pluck. 65.

nis = ne is.

nīwan *av.* newly, lately.

nīwe *aj.* new.

ġe-·nōg *aj.* enough.

nolde = ne wolde.

norþ *av.* northwards; *aj.* northern.

Norþ(an)-hymbre *m. pl.* Northumbrians [*L.* Humbra]. 14.

norþ-dǣl *m.* northern part, north.

Norþ-hymbra-land *n.* Northumbria. 27.

Norþ-wēalas *m. pl.* the Welsh.

nos-þȳrel *n.* nostril.

nū *av.* now, just now; *cj. causal* now that, since.

numen *see* niman.

ġe-·nyht-sum *aj.* abundant.

nyle, nylle = ne wil(l)e. 79.

nyste = ne wiste. 76.

nyt-nes *f.* use, benefit.

nyton = ne witon. 76.

nytt *aj.* useful, profitable. 29.

of *prp. w. d.* from, from among, of, *of motion, origin, privation, release, &c.*; *partitive* of ēowrum ele 'some of your oil'; concerning.

of-·drǣdd *aj.* afraid [*p. pt. of* ofdrǣdan 'dread'].

ōfer *m.* bank.

ofer *prp. w. d. a.* over; on; about; *time* after; during.

ofer-·herġian *wv.* 2 ravage, overrun.

ofer-·sāwan *sv.* 7 sow over.

ġe-·offrian *wv.* 2 offer, sacrifice [*L.* offerre].

offrung *f.* offering, sacrifice.

of-·slēan *sv.* 6 kill, slay; destroy.

of-·snīþan *sv.* 1 slaughter.

of-spring *m.* offspring [springan].

oft *av.* often.

of-·tēon *sv.* 2 *w. d. of person and g. of thing* deny, deprive of.

of-·þyrst *aj.* thirsty [*p. pt. of* ofþyrstan *from* þurst].

of-·wundrod *aj.* astonished.

ō-lǣċung *f.* flattery, cajolery.

on *prp. w. d. a.* on; in; into; *hostility* against: on hīe fuhton; *time* in. 96.

on-·ǣlan *wv.* 1 kindle, light.

on-·biergan *wv.* 1 *w. g.* taste, eat.

on-·cnāwan *sv.* 7 perceive, understand, recognize.

on-·drǣdan *sv.* 7 *and wv.* 1 dread, fear. 68.

on-·fōn *sv.* 7 *often w. d.* receive.

on-·ġēan *prp. w. d. a.* towards, to meet; opposite; *hostility* against; *av.* back.

on-·ġēaton *see* on-·ġietan.

on-·ġietan *sv.* 5 perceive, see. 66.

on-·ġinnan *sv.* 3 begin; *sometimes pleonastic—note on* III 7. 64.

on-·gunnon *see* on-·ġinnan.
on-·lūcan *sv.* 2 unlock. 81.
on-·middan *prp. w. d.* in the midst of.
on-·styrian *wv.* 1 stir, move.
on-·uppan *prp. w. d.* upon, above.
on-·weġ *av.* away.
open-līċe *av.* openly, publicly.
ōra¹ *m.* bank, shore.
ōra² *m.* ore.
orgel-līċe *av.* proudly, insolently.
or-mǣte *aj.* immense, boundless [metan].
or-sorg *aj.* unconcerned, careless.
oþ *prp. w. a.* until, up to, as far as; oþ þæt *cj.* until.
ōþer *prn. aj.* (*always strong*) second; other; one or other of two. 41.
oþþe *cj.* or; oþþe . . . oþþe either . . . or.
oxa *m.* ox. 11.

panne *f.* pan.
pāpa *m.* pope [*L.*].
peninġ *m.* penny.
Peohtas *m. pl.* Picts.
Philistēi *m. pl.* Philistines [*L.*].
Philistēisc *aj.* Philistine.
pistol *m.* letter [*L.* epistola].
pleġian *wv.* 2 play.
pleoh *n.* risk, responsibility.
plēo-liċ *aj.* dangerous, hazardous.
post *m.* post [*L.* postis].
prēost *m.* priest [*L.* presbyter].
pund *n.* pound [*L.* pondus].

rā *m.* (*g. pl.* rāna) roe.
racen-tēag *f.* chain.
rād *see* rīdan.
ġe-·rād *n.* reckoning, account; reason, judgement.
rǣċan *wv.* 1 reach. 71.
ġe-·rǣċan *wv.* 1 get at, seize.
rǣd *m.* advice, counsel; what is advisable, plan of action; him rǣd þūhte 'it seemed advisable to him'.

rǣdan *wv.* 1 read.
rǣd-bora *m.* adviser [beran].
ramm *m.* ram.
rāp *m.* rope. 13.
rās *see* rīsan.
rēad *aj.* red.
reahte *see* reċċan².
reċċan¹ *wv.* 1 *w. g.* (*pret.* rōhte) reck, care. 72.
reċċan² *wv.* 1 (*pret.* reahte) tell, narrate. 72.
ġe-·reċed-nes *f.* narrative.
ġe-·rēfa *m.* reeve, officer, bailiff, sheriff. 11.
reġen *m.* rain.
ġe-·reord *n.* language.
rēþe *aj.* fierce, cruel.
rīċe¹ *n.* kingdom; kingship, sovereignty, rule. 16.
rīċe² *aj.* powerful, mighty, of high rank.
rīċetere *n.* (power), arrogance.
rīcsian *wv.* 2 rule.
rīdan *sv.* 1 ride. 62.
rīf *aj.* fierce.
riftere *m.* reaper.
riht *aj.* right, just; righteous.
ġe-·rihtan *wv.* 1 correct.
riht-wīs *aj.* righteous.
riht-wīs-nes *f.* righteousness.
rīm *mn.* number.
rīnan *wv.* 1 rain [reġen].
rīpan *sv.* 1 reap. 62.
rīpere *m.* reaper.
rīp-tīma *m.* (reaping-time), harvest.
rīsan *sv.* 1 rise. 62.
rōd *f.* cross. 17.
rōhte *see* reċċan¹.
Rōmāne *m. pl.* Romans.
rōwan *sv.* 7 row. 68.

sacan *sv.* 6 quarrel. 67.
sǣ *mf.* (*d. sg.* sǣ) sea.
sǣd *n.* seed.
sǣġd, -e, -on, sǣġe, sǣġþ *see* secgan.
sǣl *m.* time, occasion.
ġe-·sǣliġ *aj.* happy, blessed.
ġe-·sǣliġ-līċe *av.* happily, blessedly.
sæt, sǣton *see* sittan.

sǣ-wiht *f.* sea-animal.
sāgol *m.* rod, staff.
ġe-ˈsamnian *wv.* 2 *tr.* collect, assemble.
samod *av.* together, also, as well.
sanct *m.*, sancte *f.* saint [*L.* sanctus, -a].
sand *f.* dish of food [sendan].
sand-ċeosol *m.* sand (*lit.* sand-gravel).
sār *n.* pain, soreness.
sārig *aj.* sorry, sorrowful, sad.
sāwan *sv.* 7 sow. 68.
sāwe *see* sēon.
sāwol *f.* soul. 17.
sāwon *see* sēon.
scacan *sv.* 6 shake. 67.
scadu *f.* shade.
scamu *f.* shame; tō scame 'with ignominy'.
scarfian *wv.* 2 scrape, shred.
scēaf¹ *m.* sheaf, bundle.
scēaf² *see* scūfan.
scēaf-mǣlum *av.* in sheaves. 82.
sceal *ppv.* ought to, have to, must; shall. 77, 92, 94.
scēap *n.* sheep. 15.
sceatt *m.* (tribute), money; coin.
scēawere *m.* witness.
ġe-ˈscēawian *wv.* 2 look at; examine, observe; read. 73.
scēawung *f.* seeing, examination.
scēotan *sv.* 2 shoot. 63.
scieldan *wv.* 1 protect.
ġe-ˈscieppan *sv.* 6 create. 67.
scieran *sv.* 4 cut. 65.
scīnan *sv.* 1 shine. 62.
scip *n.* ship. 15.
scip-here *m.* fleet.
scīr *f.* shire. 17.
scofen *see* scūfan.
scolde, scoldon *see* sceal.
scōp *see* scieppan.
scoren *see* scieran.
Scot-land *n.* Ireland.
Scottas *m. pl.* Scots, Irish.
scotung *f.* shooting, shot; missile.
scrǣf *n.* cave.

ġe-ˈscrēpe *aj.* fit, suitable.
scrīn *n.* shrine [*L.* scrinium].
scrincan *sv.* 3 shrink. 64.
scūfan *sv.* 2 push. 63.
sculon *see* sceal.
scuton *see* scēotan.
scylen *see* sceal.
scypen *f.* cattle-shed.
se, sē *prn. art.* that; the; he; *rel.* who. 47.
seah *see* sēon.
sealde *see* sellan.
sealt-sēaþ *m.* salt spring.
sēaþ *m.* pit; well.
Seaxe *m. pl.* Saxons. 14.
sēċan *wv.* 1 seek; visit, come to, go to; attack. 72.
ġe-ˈsēċan *wv.* 1 visit, invade.
secgan *wv.* 3 say. 74.
sēl, sēlest *see* wel.
seldan *av.* seldom.
self *prn.* self, my-, him- (&c.) self; *aj.* same; very. 45.
ġe-ˈsellan *wv.* 1 give; sell. 70, 72.
semninga *av.* suddenly.
sendan *wv.* 1 send. 70, 71.
sēo *see* se.
seofon *num.* seven.
seofoþa *aj.* seventh.
seolcen *aj.* silken.
seolfor *n.* silver.
seolh *m.* seal.
sēon *sv.* 5 see. 60, 66.
ġe-ˈsēon *sv.* 5 see; catch sight of; look.
sēoþan *sv.* 2 boil. 63.
sēow, sēowe *see* sāwan.
setl *n.* (seat), place to live, habitation.
ġe-ˈset-nes *f.* decree, law; narrative [settan].
ġe-ˈsettan *wv.* 1 set, place; appoint; establish; occupy; compose. 71.
sewen *see* sēon.
sibb *f.* peace.
sīe *see* wesan.
siehþ *see* sēon.
sierwung *f.* artifice, treachery.
siex *num.* six.
siexta *aj.* sixth.
siex-tīene *num.* sixteen.

siex-tiġ *num.* sixty.

siġe *m.* victory; siġe niman 'gain the victory'. 13.

siġe-fæst *aj.* victorious. 29.

ġe-·sihþ *f.* sight; vision, dream [ġeséon].

silfren *aj.* silver.

simle *av.* always, ever, continually.

sind(on) *see* wesan.

sinu *f.* sinew.

sittan *sv.* 5 sit; settle, stay. 66.

ġe-·sittan *sv.* 5 take possession of, occupy.

sīþ *m.* journey.

sīþ-fæt *mn.* journey; way.

sīþian *wv.* 2 journey, go.

siþþan *av.* afterwards, since, then; *cj.* after, when.

slæġen *see* slēan.

slǣp *m.* sleep; on slǣpe 'asleep'.

slǣpan *sv.* 7 sleep. 68.

slāw *aj.* slow, slothful.

slēan *sv.* 6 strike; slay, kill. 67.

slecg *m.* hammer [slēan].

sleġe *m.* killing, slaughter [slēan].

slēp, slēpon *see* slǣpan.

slītan *sv.* 1 tear. 62.

slōg, slōgon *see* slēan.

smale *av.* small, finely.

smēaġan *wv.* 2 consider, think. 73.

smēocan *sv.* 2 smoke. 63.

smylt-nes *f.* mildness.

snāþ *see* snīþan.

snāw *m.* snow.

snīcan *sv.* 1 creep. 62.

snīþan *sv.* 1 cut. 62.

snīwan *wv.* 1 snow.

snotor *aj.* wise, prudent.

sōcen *see* sacan.

sōhte, sōhton *see* sēċan.

sōna *av.* at once, then; sōna swā, sōna þæs þe 'as soon as'.

sorg *f.* sorrow.

sōþ[1] *n.* truth.

sōþ[2] *aj.* true.

sōþ-līċe *av.* truly, indeed; in reality.

spadu *f.* spade [*L.* spatha].

spearwa *m.* sparrow.

spell *n.* narrative, discourse.

spōwan *sv.* 7 succeed. 68.

sprǣċ *f.* speech, language; conversation [sprecan]. 17.

sprecan *sv.* 5 speak. 66.

sprenġan *wv.* 1 (scatter), sow [springan].

springan *sv.* 3 spring. 64.

stæf *m.* staff; letter of the alphabet. 13.

stæf-cræft *m.* the art of letters, grammar.

stǣnen *aj.* (of) stone [stān].

stān *m.* stone, rock. 13.

standan *sv.* 6 stand. 67.

steall *mn.* position, site.

stede *m.* place. 13, 14.

stefn *f.* voice.

stelan *sv.* 4 steal. 65.

stent, stentst *see* standan.

steorra *m.* star. 11.

stīeran *wv.* 1 *w. d.* restrain.

stīgan *sv.* 1 ascend. 62.

ġe-·stillan *wv.* 1 stop, restrain.

stōd, stōdon *see* standan.

storm *m.* storm, tempest.

stōw *f.* place; passage (in a book); religious house. 17.

strǣl *fm.* arrow.

strǣt *f.* street, road [*L.* strata (uia)].

strang *aj.* strong, powerful; *cp.* strengra. 32.

strēdan *wv.* 1 strew, scatter, sow.

strengra *see* strang.

strengþu *f.* strength [strang]. 20.

ġe-·strēon *n.* (acquisition), possession.

ġe-·strīenan *wv.* 1 gain [ġe-strēon].

strūtian *wv.* 2 stand rigid, stiff (?—*note on* VI, 171).

styċċe *n.* piece. 16.

sum *prn. aj.* a certain (one), one, a; some. 29, 51.

sumor *m.* (*d. sg.* sumera, -e) summer. 13.

Sumor-sǣte *m. pl.* men of Somerset. 14.

sund *n.* swimming.

ġe-·sund *aj.* sound, healthy; uncorrupted.

ġe-·sund-full *aj.* safe and sound.
sunne *f.* sun. 11.
sunu *m.* son. 19.
sūþ *av.* south, southwards.
sūþan *av.* from the south.
sūþ-dǽl *m.* southern part, south.
Sūþ-peohtas *m. pl.* Southern Picts.
Sūþriġe *m. pl.* (the people of) Surrey.
Sūþ-seaxe *m. pl.* South Saxons.
swā *av.* so; as; swā swā as, like; swā ... swā *correl.* as ... as; swā þæt so that, inasmuch as.
swāc *see* swīcan.
swǽsendu *n. pl.* food, meal.
swā-·þēah *av.* however, nevertheless.
swefn *n.* sleep; dream.
swelċ *prn. aj.* such.
swelċe *av.* as if, as it were, as, like; likewise; swelċe ēac 'also, moreover'.
sweltan *sv.* 3 die. 64.
swenċan *wv.* 1 afflict, harass [swincan].
sweng *m.* stroke, blow [swingan].
swēor *m.* pillar.
swēora *m.* neck. 11.
sweord *n.* sword.
sweord-bora *m.* sword-bearer [beran].
sweostor *f.* sister. 23.
ġe-·sweostor *f. pl.* sisters.
sweotol *aj.* clear, evident, manifest.
ġe-·sweotolian *wv.* 2 show, indicate.
sweotolung *f.* sign, manifestation.
swerian *sv.* 6 swear. 67.
swēte *aj.* sweet.
ġe-swīcan *sv.* 1 (fail, fall short), cease; betray. 62.
swic-dōm *m.* deceit, fraud [swīcan].
swicol *aj.* deceitful, treacherous.
swift *aj.* swift.
swiġian *wv.* 2 be silent.
swimman *sv.* 3 swim. 64.
swincan *sv.* 3 labour, toil. 64.
swingan *sv.* 3 beat, scourge. 64.

swingel *f.* stroke [swingan].
swipu *f.* whip, scourge.
swīþe *av.* very, much, greatly, strongly, violently; *cp.* swīþor rather, more.
swīþ-liċ *aj.* very great, immense.
swulton *see* sweltan.
swuncon *see* swincan.
swungon *see* swingan.
sȳfer-līċe *av.* with purity, chastely.
synder-līċe *av.* separately.
syndriġ *aj.* separate.
ġe-·syntu *f.* (health), prosperity.

tācen *n.* sign, token; miracle.
ġe-·tācnian *wv.* 2 signify, betoken.
ġe-·tācnung *f.* signification; presage.
ġe-·tǽċan *wv.* 1 teach; show. 70, 71.
tǽre, tǽron *see* teran.
talu *f.* tale. 17.
tam *aj.* tame.
tāwian *wv.* 2 afflict, ill-treat.
tēah *see* tēon.
teald, tealde *see* tellan.
telġ *m.* dye.
tellan *wv.* 1 count, account; tellan tō nǽhte 'count as nothing' [talu]. 72.
Temes *f.* Thames [*L.* Tamesis].
tempel *n.* temple [*L.* templum].
tēon *sv.* 2 draw, pull, drag. 63.
tēona *m.* injury; insult. 11.
tēon-rǽden *f.* humiliation.
tēoþa *aj.* tenth.
teran *sv.* 4 tear. 65.
tēþ *see* tōþ.
ticċen *n.* kid.
tīd *f.* time; hour. 18.
tīeġan *wv.* 1 tie.
tien *num.* ten.
til *aj.* good.
tīma *m.* time. 11.
ġe-·timbrian *wv.* 2 build. 73.
tintreġ *n.* torture.
tintreġian *wv.* 2 torture.
tīþian *wv.* 2 *w. d. of person and g. of thing* grant, agree to.

tō *prp. w. d. (i.) and (rarely) g.
(av.) motion* to; *time* at: tō
midre nihte 'at midnight'; for:
tō langre fierste 'for a long
time'; *purpose, destination* for,
as, towards: tō abbode ġesett
'appointed abbot'; tō þæs (to
that degree), so; tō þæm þæt,
tō þon þæt in order that. 87.

tō-·berstan *sv.* 3 burst, break
asunder.

tō-·brecan *sv.* 4 break apart.

tō-·breġdan *sv.* 3 tear to pieces,
pull apart.

tō-cyme *m.* coming [cuman].

tō-·dæġ *av.* today.

tō-·dǽlan *wv.* 1 separate, divide
[tō-dāl].

tō-·dǽled *aj.* separate, diverse·

tō-·dāl *n.* separation, difference.

tō-·ġædre *av.* together.

tō-·ġēanes *prp. w. d.* towards;
him toġēanes 'to meet him'. 96.

togen *see* tēon.

tōl *n.* tool, implement.

tō-·middes *prp. w. d.* in the
midst of.

torr *m.* tower [L. turris].

tō-·samne *av.* together.

tō-·teran *sv.* 4 tear to pieces.

tōþ *m.* tooth. 22.

tō-weard *aj.* future, to come.

tō-·weorpan *sv.* 3 overthrow,
destroy.

trēow *n.* tree.

trēow-cynn *n.* kind of tree.

ġe-·trēowe *aj.* true, faithful.

trēowian *wv.* 2 *w. d.* trust in.

trimes *mf.* drachm [L. tremissis].

trum *aj.* strong.

trymman *wv.* 1 strengthen
[trum]. 71.

trymming *f.* strengthening, en-
couragement, confirmation.

tū *see* twēġen.

tūcian *wv.* 2 ill-treat, harass,
afflict.

tugon *see* tēon.

tūn *m.* (enclosure); estate, dwell-
ing; village, settlement. 13.

tunge *f.* tongue. 11.

twā, twǽm *see* twēġen.

twēġen *num.* two. 39.

twelf *num.* twelve.

twentiġ *num.* twenty.

twēo *m.* doubt. 11.

þā[1] *av. cj.* then; when; þā þā
when; þā . . . þā *correl.* when
. . . (then). 99.

þā[2] *see* se. 47.

þǽm *see* se.

þǽr *av.* there; *anticipatory* þǽr
blēowon windas, &c.; *com-
bined with prps.* it, that: þǽr·tō,
&c. 'thereto, to it, in it, there';
cj. (*also* þǽr þǣr) where, if.

þǽre *see* se.

þǽr-rihte *av.* immediately.

þæs *g. of* þæt, *see* se; *used as av.*
afterwards, from that time;
therefore; þæs þe *cj.* after.

þæt[1] *cj.* that; so that; until.

þæt[2] *see* se.

ġe-·þafian *wv.* 2 allow, permit,
consent.

ġe-·þafung *f.* consent.

þancian *wv.* 2 *w. d. of person
and g. of thing* thank.

þanon *av.* thence, from there,
away.

þāra *see* se.

þās *see* þes.

þe *rel. prn. indecl.* who, which; *cj.*
when; þe . . þe (whether) . . or.

þē *see* þū.

þēah *av.* though, yet, however;
cj. (*also* þēah þe) although.

ġe-·þeaht *fn.* advice; counsel,
consultation.

ġe-·þeahtere *m.* counsellor.

þearf[1] *f.* need.

þearf[2] *ppv.* need. 77.

þearle *av.* very, greatly, tho-
roughly.

þēaw *m.* custom, habit; *pl.* vir-
tues, morality.

þeġen *m.* servant, retainer, thane.
13.

þeġnian *wv.* 2 *w. d.* serve.

þencan *wv.* 1 think, expect. 72.

þēod *f.* people, nation. 17.

ġe-·þēodan *wv.* 1 join, attach
oneself to.

ġe-·þēode *n.* language. 16.

þēof *m.* thief.

þēon *sv.* 1 prosper. 62.

þēos *see* þes.

þēostru *n. pl.* darkness.

þēow *m.* servant. 13.

þēowa *m.* servant. 11.

þēow-dōm *m.* service.

þēowot *n.* servitude.

þes *prn. aj.* this. 48.

þicce *aj.* thick, dense; *av.* thickly, closely.

þicgan *sv.* 5 take, receive; eat, drink. 66.

þider *av.* thither, there.

þīn *prn. aj.* thy, thine, your, yours. 43.

þīnen *f.* maidservant [þeġen].

þing *n.* thing, affair, condition, circumstance. 15.

þis, þisse, þissum, &c. *see* þes.

þōhte *see* þenċan.

þon, þone *see* se.

þonne[1] *av. cj.* then; when; now.

þonne[2] *cj.* than.

þorfte *see* þearf[2].

þrǣd *m.* thread.

þrēo *see* þrīe.

þridda *aj.* third.

þrīe *num.* three. 39.

þrim *see* þrīe.

þrītiġ *num.* thirty.

þrymm *m.* glory.

þū *prn.* thou, you. 43.

þūht, þūhte *see* þynċan.

ġe-·þungen *aj.* excellent, virtuous.

þurh *prp. w. a.* through, by; throughout.

þurh-·flēogan *sv.* 2 fly through.

þurh-·wunian *wv.* 2 continue, remain.

þurst *m.* thirst.

þus *av.* thus.

þūsend *n.* thousand. 40.

ġe-·þwǣr-lǣċan *wv.* 1 agree, consent. 82.

þȳ *instr. of* se, þæt; *used as av.* therefore; *cj.* because.

þȳfel *m.* bush.

þȳ-·lǣs (þe) *cj. w. subj.* lest [lǣs 'less'].

þyllić *aj.* such [þys-lić].

þynċan *wv.* 1 seem; *often impers. w. d.*: mē þynċþ 'it seems to me'; *sometimes in passive*: wæs him ġeþūht 'it had seemed to him' [þenċan]. 72.

þȳrel *n.* hole [þurh].

ufe-weard *aj.* upper, at the top of.

un-ā-rīmed-lić *aj.* innumerable, countless [rīm].

unc *see* ić.

un-cūþ *aj.* unknown.

un-ġe-cynde *aj.* not of royal stock.

under *prp. w. d. a.* under; in the circumstances of.

under-be-·ġinnan *sv.* 3 undertake.

under-cyning *m.* under-king, tributary king.

under-·delfan *sv.* 3 dig under.

under-·fōn *sv.* 7 receive, take.

under-·ġeat *see* under-·ġietan.

under-·ġietan *sv.* 5 understand, perceive. 66.

undern-tīd *f.* the third hour of the day, 9 a.m.

under-·standan *sv.* 6 understand.

un-forht *aj.* unafraid, dauntless.

un-for-·molsnod *aj.* (*p. pt.*) undecayed.

un-glēaw *aj. w. g.* ignorant.

un-hālgod *aj.* (*p. pt.*) unconsecrated.

un-hīere *aj.* savage, frightful, monstrous.

un-hīer-lić *aj.* savage, frightful.

un-ġe-hīer-sum *aj. w. d.* disobedient.

un-hold *aj.* hostile.

un-ġe-lǣred *aj.* uneducated, ignorant.

un-·lūcan *sv.* 2 unlock.

un-ġe-met-lić *aj.* immense [metan].

un-mihtiġ *aj.* weak, powerless.

un-nytt *aj.* useless, unprofitable.

un-rīm *n.* countless number.

un-ġe-sǣliġ *aj.* unhappy, accursed.

un-tiemende *aj.* barren [*pres.
pt. of* tīeman 'bring forth'].

un-ġe-þwǣr-nes *f.* discord.

un-wīs *aj. w. g.* ignorant, uninformed.

un-wittiġ *aj.* innocent, simple; foolish.

un-wrītere *m.* bad, inaccurate scribe.

ūp *av.* up.

ūp-ā-hefed-nes *f.* conceit, arrogance.

ūp-flōr *f.* (*d. sg.* -a) upper floor, upper story.

uppan *prp. w. d.* on, upon.

ūre *prn. aj.* our, ours. 42, 46.

urnon *see* iernan.

ūs *see* iċ.

ūt *av.* out.

ūtan *av.* from outside.

ūtane *av.* from outside.

ūterra *aj. cp.* outer. 34.

wacian *wv.* 2 be awake, watch.

wǣdla *m.* poor man.

wǣġ *f.* weight.

wǣl *n.* slaughter, carnage; miċel wǣl ġeslēan 'do great slaughter'.

wæl-hrēow *aj.* cruel.

wæl-hrēow-līċe *av.* cruelly, savagely.

wæl-hrēow-nes *f.* cruelty.

wǣpen *n.* weapon, arm. 15.

wǣpned-cynn *n.* male line.

wǣre, wǣron, wǣs *see* wesan.

wæstm *m.* (growth), fruit.

wæter *n.* water. 15.

wæter-scipe *m.* piece of water, water.

wāfung *f.* (spectacle), display.

wana *aj. indecl., w. numerals* wanting, less.

-ware *m. pl.* (*only in composition*) dwellers, inhabitants [*orig.* 'defenders', *cf.* werian].

wāt *see* witan.

wē *see* iċ.

weahte *see* weċċan.

weald *m.* forest. 13.

ġe-·weald *n.* power, control; iċ nāh ġeweald 'I cannot help it'.

ġe-wealdan *sv.* 7 *w. g. or a.* rule, control, have power over. 68.

wealdend *m.* ruler, lord (*often of God*).

Wealh *m.* (*pl.* Wēalas) Briton, Welshman (*orig.* foreigner).

weall *m.* wall [*L.* uallum].

weallan *sv.* 7 boil; swarm. 68.

weardere *m.* (keeper), dweller.

wearg *m.* felon, criminal [*orig.* wolf, *then* outlaw].

wearm *aj.* warm.

ġe-·wearmian *wv.* 2 get warm.

wearnian *wv.* 2 take heed.

wearp *see* weorpan.

wearþ *see* weorþan.

weaxan *sv.* 7 grow, increase. 68.

weċċan *wv.* 1 wake. 72.

wecg *m.* (mass of) metal.

weġ *m.* way, road, path. 13.

wel *av.* well; *cp.* bet, sēl, *sp.* betst, sēlest. 37.

weler *m.* lip.

weliġ *aj.* rich.

wel-willend-nes *f.* benevolence.

wēn *f.* hope. 18.

wēnan *wv.* 1 think, expect.

ġe-·wendan *wv.* 1 turn; go; return [windan]. 71.

wēofod *n.* altar.

weoloc *m.* whelk, murex.

weoloc-rēad *aj.* scarlet, purple.

weoloc-sciell *f.* whelk, shellfish.

weorc *n.* work, deed, act.

ġe-·weorc *n.* fortification.

weorpan *sv.* 3 throw. 64.

weorþ *n.* worth, value.

weorþan *sv.* 3 become; happen; wurdon æt sprǣċe 'talked together'. 64.

ġe-·weorþan *sv.* 3 *impers. w. d. a.* him ġewearþ 'they agreed upon'; hine ġewierþ 'he pleases'.

weorþ-full *aj.* worthy, honourable.

weorþian *wv.* 2 honour, worship; exalt. 73.

weorþ-līċe *av.* (honourably), splendidly.

weorþ-mynd *fn.* honour.

weorþ-nes *f.* honour; splendour.

wĕox, wĕoxon *see* weaxan.

wēpan *sv.* 7 weep. 68.

wer *m.* man. 13.

werian *wv.* 1 defend. 70, 71.

werod *n.* troop, army, force. 15.

wesan *v.* be. 78.

west *av.* westwards.

west-dǣl *m.* western part, west.

wēste *aj.* waste, desolate.

West-seaxe *m. pl.* West Saxons, people of Wessex. 14.

wīċ *n.* dwelling; *pl.* camp.

wīcian *wv.* 2 (dwell); camp, be encamped.

wīċing *m.* viking, pirate [wīċ].

wīc-stōw *f.* (*often pl.*) camp.

wicu *f.* week. 17.

wīd *aj.* wide.

wīde *av.* widely, far and wide.

widewe *f.* widow.

ġe-·wieldan *wv.* 1 overpower, conquer [wealdan].

wiell *m.* spring, fountain.

wiellan *wv.* 1 *tr.* boil [weallan].

wiell-ġe-spring *n.* spring.

wielt *see* wealdan.

wierdan *wv.* 1 injure, damage.

wierman *wv.* 1 warm [wearm].

wierþ *see* weorþan.

wierþe *aj. w. g.* worthy, deserving [weorþ].

wīf *n.* woman; wife. 9, 15.

wīf-cynn *n.* female line.

wīf-mann *m.* woman. 9.

wiht *f.* creature; thing.

Wiht *f.* the Isle of Wight [*L.* Uectis].

Wiht-ware *m. pl.* people of Wight.

wildēor *n.* wild beast.

willa *m.* will, desire; hiera willum 'of their own accord'.

willan *v.* will, wish. 79, 92.

ġe-·wilnian *wv.* 2 *w. g.* desire.

wīn *n.* wine [*L.* uinum].

wind *m.* wind. 13.

windan *sv.* 3 wind. 64.

wine *m.* friend. 13, 14.

wīn-ġeard *m.* vineyard.

ġe-·winn *n.* warfare, conflict.

winnan *sv.* 3 fight. 64.

ġe-·winnan *sv.* 3 win, gain.

winter *mn.* (*d. sg.* wintra, *nom. pl.* winter) winter; *in reckoning time* year. 13.

winter-setl *n.* winter quarters.

winter-tīd *f.* winter-time.

wīs *aj.* wise.

wīs-dōm *m.* wisdom, knowledge, learning.

wīse *f.* (wise), way; matter, thing; usage, idiom. 11.

wīs-liċ *aj.* wise, prudent.

ġe-·wissian *wv.* 2 *w. d. or a.* guide, direct.

ġe-·wiss-liċ *aj.* certain, sure.

wissung *f.* guidance, direction.

wiste, wiston *see* witan.

wit *see* iċ.

wita *m.* councillor, adviser, sage. 11.

witan *v.* know. 76.

ġe-·wītan *sv.* 1 depart, go. 62.

wīte *n.* punishment. 16.

wītega *m.* prophet, sage.

witod-līċe *av.* truly, indeed; and [witan].

ġe-·witon *see* ġe-·wītan.

ġe-·witt *n.* wits, intelligence, understanding [witan].

wiþ *prp. w. d. a.* towards; *hostility* against; *association, sharing* with; *exchange, price* for, in consideration of; wiþ þǣm þe provided, on consideration, that.

wiþ-·meten-nes *f.* comparison [metan].

wiþ-·sacan *sv.* 6 *w. d.* deny, renounce, forsake.

wiþ-·standan *sv.* 6 *w. d.* withstand, resist.

wlite *m.* beauty, splendour.

wōd *aj.* mad.

wōd-līċe *av.* madly.

wōh *n.* wrong, error. 15.

wolde, woldon *see* willan.

wōp *m.* weeping [wēpan].

word *n.* word; sentence; subject of talk, question, answer, report.

worden *see* weorþan.

worht, -e, -on *see* wyrċan.

worpen *see* weorpan.

woruld *f.* world.

wōs *n.* juice.

wrecan *sv.* 5 avenge. 66.

wrēġan *wv.* 1 accuse, bring a charge against.

wringan *sv.* 3 wring. 64.

ġe-ˈwrit *n.* writing; letter [wrī-tan].

wrītan *sv.* 1 write. 62.

wrītere *m.* writer, scribe.

wudu *m.* wood. 19.

wuldor *n.* glory.

wuldrian *wv.* 2 glorify, extol.

wulf *m.* wolf.

wull *f.* wool.

ġe-ˈwuna *m.* habit, custom. 11.

wund *f.* wound.

wundor *n.* wonder, miracle. 15.

wundor-liċ *aj.* wonderful, wondrous.

wundor-līċe *av.* wonderfully, in a miraculous way.

wundrian *wv.* 2 *w. g.* wonder, marvel.

ġe-ˈwune-liċ *aj.* customary, habitual.

wunian *wv.* 2 dwell, live; stay, continue [ġewuna]. 73.

ġe-ˈwunnen *see* ġe-ˈwinnan.

wunung *f.* dwelling.

wurde, wurdon *see* **weorþan**.

wurpon *see* weorpan.

wynn *f.* joy. 18.

ġe-ˈwyrċan *wv.* 1 work, make; build; do, perform, carry out [weorc]. 72.

wyrd *f.* fate. 18.

wyrhta *m.* worker, labourer. 11.

wyrm *m.* (worm), serpent.

wyrt *f.* herb, plant; crop. 18.

wyrt-truma *m.* root.

ġe-ˈwȳscan *wv.* 1 *w. g.* wish (for).

yfel[1] *n.* evil, wrong.

yfel[2] *aj.* evil, bad. 29, 33.

yfle *av.* badly. 37.

ymb, ymbe *prp. w. a.* around; *time* about; bēon ymbe 'have to do with'.

ymb-ˈærnan *wv.* 1 travel round, circumnavigate.

ymb-ˈsittan *sv.* 5 surround, besiege.

ymb-ˈūtan *av.* round about.

ȳterra *aj. cp.* outer; *sp.* ȳtemest outermost, last [ūt]. 34.

ȳþ *f.* wave.